GESTION INTERNATIONALE
Collection dirigée par Josette Peyrard

LES MARCHÉS DES CHANGES
OPÉRATIONS ET COUVERTURES

JOSETTE PEYRARD

Professeur des Universités

Ouvrages du même auteur

La Bourse, 3e édition, Vuibert, Collection Entreprise, Paris, 1995.
Les Bourses européennes, Vuibert, Collection Gestion internationale, Paris, 1992.
Analyse financière, Vuibert, 5e édition, Collection Gestion, Paris, 1991.
Gestion financière, P.U.F., Collection Gestion, Paris, 1990.
Gestion financière internationale, Éditions Clet, Paris, 2e édition, 1989.
Finance internationale d'entreprise, Éditions Vuibert, Collection Gestion, Paris, 1988.
Gestion et décisions financières avec Lotus 1-2-3, Ouvrage en collaboration avec G. Mercier et G. Saint-Amant, Editions Vuibert et Vermette, 1988.
Manuels d'apprentissage, de référence et d'exemples : Lotus 1-2-3. Tome 1 : La feuille électronique. Tome 2 : Les graphiques, la gestion des données, les macro-instructions, Ouvrages en collaboration avec G. Saint-Amant et D. Gauthier, Éditions Vuibert et Vermette, 1988.
Gestion de trésorerie internationale, P.U.F., Collection Gestion, Paris, 1988.
Risque de change et gestion de l'entreprise, Éditions Vuibert, Paris, 1986.
Désinvestissement international (en collaboration), Éditions Club de Finance Internationale, Paris, 1984 (épuisé).

Le photocopillage, c'est l'usage abusif et collectif de la photocopie sans autorisation des auteurs et des éditeurs.
Largement répandu dans les établissements d'enseignement, le photocopillage menace l'avenir du livre, car il met en danger son équilibre économique. Il prive les auteurs d'une juste rémunération.
En dehors de l'usage privé du copiste, toute reproduction totale ou partielle de cet ouvrage est interdite.

ISBN : 2-7117-**7860-6**

La loi du 11 mars 1957 n'autorisant aux termes des alinéas 2 et 3 de l'article 41, d'une part, que les « copies ou reproductions strictement réservées à l'usage privé du copiste et non destinées à une utilisation collective » et, d'autre part, que les analyses et les courtes citations dans un but d'exemple et d'illustration, « toute représentation ou reproduction intégrale, ou partielle, faite sans le consentement de l'auteur ou de ses ayants droit ou ayants cause, est illicite » (alinéa 1er de l'article 40).
Cette représentation ou reproduction, par quelque procédé que ce soit, constituerait donc une contrefaçon sanctionnée par les articles 425 et suivants du Code pénal.

© Librairie Vuibert, janvier 1995
63, bd St-Germain
75005 Paris

Liste des devises et sigles internationaux

Pays	Devises	Sigles
Afghanistan	Afgani	AFA
Afrique du Sud	Rand	ZAD
Albanie	Lek	ALL
Algérie	Dinar	DZD
Allemagne	Deutschemark	DEM
Angola	Kwanza	AOK
Antilles néerlandaises	Florin des Antilles néerlandaises	ANG
Arabie Saoudite	Rial	SAR
Argentine	Peso	ARP
Arménie	Dram	ADR
Australie	Dollar australien	AUD
Autriche	Schilling	ATS
Bahamas	Dollar des Bahamas	BSD
Bahreïn	Dinar	BHD
Barbades	Dollar des Barbades	BBD
Belgique	Franc belge	BEF
Bénin	Franc CFA	XOF
Bermudes	Dollar des Bermudes	BMD
Biélorussie	Rouble	RUR
Bolivie	Boliviano	BOB
Brésil	Real	BRR
Bulgarie	Lev	BGL
Burkina Faso	Franc CFA	XOF
Cameroun	Franc CFA	XAF
Canada	Dollar canadien	CAD
Chili	Peso	CLP
Chine	Renmibi Yuan	CNY
Colombie	Peso	COP
Comores (îles)	Franc CFA	KMF
Congo	Franc CFA	XAF
Corée du Sud	Won	KRW
Costa Rica	Colon	CRC
Corée	Won	KRW
Chypre	Livre chypriote	CYP

LES MARCHÉS DES CHANGES

Pays	Devises	Sigles
Côte-d'Ivoire	Franc CFA	XOF
Cuba	Peso cubain	CUP
Danemark	Couronne	DKK
Djibouti	Franc de Djibouti	DJF
Égypte	Livre	DJF
Émirats arabes unis	Dirham	UAE
Équateur	Sucre	ECS
Espagne	Peseta	ESP
Estonie	Couronne	EEK
États-Unis	Dollar	USD
Fidji (îles)	Dollar des îles Fidji	FJD
Finlande	Markka	FIM
France	Franc français	FRF
Gabon	Franc CFA	XAF
Ghana	Cedi	GHC
Grèce	Drachma	GRD
Guatemala	Quetzal	GTQ
Guinée Bissau	Peso	GWP
Guinée équatoriale	Franc CFA	XAF
Guyana	Dollar de Guyana	GYD
Haïti	Gourde	HTG
Honduras	Lempira	HNL
Hong Kong	Dollar de Hong Kong	HKD
Hongrie	Forint	HUF
Inde	Roupie	INR
Indonésie	Rupiah	IDR
Iran	Rial	IRR
Iraq	Dinar irakien	IQD
Irlande	Livre irlandaise	IRP
Islande	Couronne	ISK
Israël	Shekel	ILS
Italie	Lire	ITL
Jamaïque	Dollar de la Jamaïque	JMD
Japon	Yen	JPY
Jordanie	Dinar	JOD
Kazakhstan	Tenge	RUR
Kenya	Shilling	KES
Kirghizistan	Som	KGS
Koweït	Dinar	KWD
Laos	Nouveau Kip	LAK
Lesotho	Maluti	LSL
Lettonie	Lat	LVR

LISTE DES DEVISES ET SIGLES INTERNATIONAUX

Pays	Devises	Sigles
Liban	Livre libanaise	LBP
Liberia	Dollar libérien	LRD
Lichtenstein	Franc suisse	CHF
Lituanie	Litas	LTL
Luxembourg	Franc luxembourgeois	LUF
Lybie	Dinar lybien	LYD
Macao	Pataca	MOP
Madagascar	Franc malgache	MGF
Malaisie	Ringgit	MYR
Malawi	Kwacha	MWK
Maldives	Rufiya	MVR
Mali	Franc CFA	XOF
Malte	Livre maltaise	MTL
Maroc	Dirham	MAD
Maurice (îles)	Roupie	MUR
Mauritanie	Ouguiya	MRO
Mexique	Peso	MXP
Moldavie	Leu	MDL
Mongolie	Tugrik	MNT
Mazambique	Matical	MZM
Namibie	Rand	ZAR
Népal	Roupie	NPR
Nicaragua	Cordoba	NIC
Niger	Franc CFA	XOF
Nigeria	Naïra	NGN
Norvège	Couronne norvégienne	NOK
Nouvelle-Zélande	Dollar néo-zélandais	NZD
Oman	Rial omani	OMR
Ouganda	Shilling ougandais	UGS
Ouzbékistan	Coupon sum	UZS
Pakistan	Roupie pakistanaise	PKR
Panama	Balboa	PAB
Paraguay	Guarani	PYG
Pays-Bas	Florin	NLG
Pérou	Inti	PEI
Philippines	Peso philippin	PHP
Pologne	Zloty	PLZ
Polynésie	Franc polynésien	XPF
Portugal	Escudo	PTE
Qatar	Rial	QAR
République slovaque	Couronne	CSK
République tchèque	Couronne	CSK

LES MARCHÉS DES CHANGES

Pays	Devises	Sigles
Roumanie	Leu	ROL
Royaume-Uni	Livre	GBP
Russie	Rouble	RUR
Rwanda	Franc du Rwanda	RWF
Salomon (îles)	Dollar des îles Salomon	SBD
Salvador	Colon	SVC
Sénégal	Franc CFA	XOF
Serbie Monténégro	Dinar yougoslave	YUN
Seychelles	Roupie	SCR
Sierra Leone	Leone	SLL
Singapour	Dollar de Singapour	SGD
Slovénie	Tollar	SIT
Somalie	Shilling de Somalie	SOS
Soudan	Livre soudanaise	SDP
Sri Lanka	Roupie de Sri Lanka	LKR
Suède	Couronne suédoise	SEK
Suisse	Franc suisse	CHF
Surinam	Guilder	SRG
Syrie	Livre syrienne	SYP
Swaziland	Lilangeni	SZL
Tadjikistan	Rouble	RUR
Taïwan	Dollar de Taïwan	TWD
Tanzanie	Shilling	TZS
Tchad	Franc CFA	XAF
Thaïlande	Baht	THB
Togo	Franc CFA	XOF
Trinidad	Dollar de Trinidad	TDD
Tunisie	Dinar tunisien	TND
Turkménie	Rouble	RUR
Turquie	Livre turque	TRL
Ukraine	Carbovanets	VAK
Uruguay	Peso	UYP
Venezuela	Bolivar	VEB
Viêt-nam	Dong	VND
Wallis-et-Futuna	Franc CFP	XPF
Zaïre	Zaïre	ZRZ
Zambie	Kwacha	ZMK
Zimbabwe	Dollar du Zimbabwe	ZWD

PREMIÈRE PARTIE

Les changes et le risque de change

Cette première partie présente les différents marchés des changes : marché des changes au comptant, à terme ainsi que les marchés dérivés de futures, d'options, et de swaps de devises (Chapitre 1), indique les différents régimes de change en mettant l'accent sur le dollar, monnaie de réserve internationale, qui joue un rôle très important sur les marchés des changes (Chapitre 2) et montre l'incidence des fluctuations de change sur les opérations des entreprises et des banques (Chapitre 3).

CHAPITRE 1

Les différents marchés des changes

Le commerce international de même que les mouvements de capitaux entre les différents pays, nécessitent des conversions de devises et impliquent donc des opérations de change. Le cambisme est le commerce des devises.

> Les marchés des changes assurent la confrontation des offres et des demandes de devises et permettent de déterminer le cours de chacune des devises en monnaie nationale. Ils constituent l'environnement institutionnel et le cadre où se déroulent les opérations de change.

Ce chapitre examine l'importance des marchés des changes (Section 1), l'origine des flux de devises (Section 2), les caractéristiques des marchés (Section 3), les salles de marché, dans lesquelles se déroulent les opérations de change (Section 4), les principales fonctions assurées par les marchés des changes (Section 5).

SECTION 1 • L'IMPORTANCE DES MARCHÉS DES CHANGES

> Les marchés des changes représentent de loin le plus important marché financier du monde.

Ils jouent un rôle essentiel dans le système de paiements internationaux. Aussi doivent-ils être très fiables.

I - Les différents marchés

On distingue plusieurs marchés des changes :
- les marchés des changes au comptant ;
- les marchés des changes à terme, qui comprennent les marchés à terme (*outright*) et les marchés de swaps de trésorerie ;

Les marchés des changes au comptant et à terme sont essentiellement des marchés interbancaires :
- les marchés de futures ;
- les marchés d'options ;
- les marchés d'échanges de devises (swaps).

Les marchés de futures, d'options et de swaps de devises sont appelés marchés dérivés, car ils sont basés sur des produits cotés sur d'autres marchés.

II - Les volumes traités

Le marché des changes le plus actif est celui de Londres, suivi par ceux des États-Unis, du Japon, de Singapour, de la Suisse, de Hong Kong, de l'Allemagne, de la France et de l'Australie. Toutes les autres places réunies ne représentant que 16 % du volume global des transactions (Tableau I-1).

Tableau I - 1

Volume quotidien sur les marchés des changes

	Volume net en milliards de dollars	Part en %
Royaume-Uni	300	27
États-Unis	192	17
Japon	126	11
Singapour	76	7
Suisse	68	6
Hong Kong	61	5
Allemagne	57	5
France	36	3
Australie	30	3
Autres places	185	16

Source : BRI.

SECTION 2 • L'ORIGINE DES FLUX DE DEVISES

> Le commerce international ne représente qu'une faible part des opérations de change. Les mouvements de capitaux et la prise de position de change par les banques représentent le pourcentage le plus important.

L'accroissement important des opérations de change est dû en partie à la participation plus active des institutions financières et des sociétés à gérer leur risque de change. Environ 5 % du volume traité sur les marchés représentent les besoins du commerce international et du tourisme international. Dix à quinze pour cent seulement sont constitués par les mouvements de capitaux, comme les fonds d'investissement, de pension, etc.

La plus grande partie des opérations de change implique des banques comme acheteurs et vendeurs. Lors du « Mercredi noir » de septembre 1992, on a estimé que le volume total des échanges sur les marchés a été le double des réserves de change des pays industrialisés. Le Royaume-Uni a dépensé plus de 20 milliards de dollars et la France plus de 30 milliards de dollars à défendre leur monnaie pendant les deux dernières semaines de septembre 1992.

De même, en août 1993, les réserves de la Banque de France sont passées à moins 165,44 milliards de francs dans sa lutte contre la spéculation qui visait à affaiblir le franc.

Ces proportions peuvent être amenées à se modifier dans l'avenir.

Tout d'abord, les mouvements dus aux besoins commerciaux se développent plus rapidement que ceux découlant des échanges interbancaires. En effet, du fait des exigences de ratios de capitaux propres plus élevés ainsi que d'une concurrence accrue, les banques considèrent plus risquée la prise de positions sur les marchés des changes.

De plus en plus, les opérations de change sont concentrées dans quelques grandes banques : Citibank, Chemical, Bank of America, Morgan, Union des banques suisses, Barclays, Natwest et Midland. Certaines banques japonaises, françaises et allemandes sont actives également dans leurs propres devises.

Les profits qui découlent des opérations de change sont importants et ont pu représenter certaines années près de la moitié des bénéfices des banques. Il semble que, dans le futur, les profits soient plus difficiles à réaliser. Les prévisions de change sont plus complexes, la croissance économique s'est ralentie et la future union monétaire des pays de l'Union européenne devrait faire disparaître les profits de change entre les différentes monnaies européennes qui seront remplacées par une seule monnaie : l'écu.

Certes, de nouvelles monnaies ont été créées dans les pays d'Europe centrale et orientale et dans les nouveaux pays industrialisés d'Asie qui donneront lieu à de nouvelles opérations de change, mais qui ne seront importantes que dans le long terme.

SECTION 3 • LES CARACTÉRISTIQUES DES MARCHÉS DES CHANGES

I - La dimension internationale des marchés

Le marché des changes est un marché qui fonctionne cinq jours sur sept. Les transactions sont conduites sur le marché interbancaire mondial. Les cours y sont cotés 24 heures sur 24. Il y a mise à jour des cours toutes les une ou deux secondes. Les cotations commencent dans les salles de marché d'Australie, de Tokyo, passent ensuite par Hong Kong, Singapour, Bahreïn, Francfort, Zurich, Paris, Londres, New York, San Francisco et Los Angeles avant de recommencer. Les négociations (*trading*) s'effectuent par téléphone ou par télex.

II - Les principales devises traitées

Une devise représente une créance sur l'étranger, libellée en monnaie étrangère et payable à l'étranger. Ces créances peuvent être soit des avoirs en devises étrangères dans des banques étrangères, soit des effets de commerce, chèques ou traites libellés en devises et payables à l'étranger.

Les devises sont :
– soit intégralement convertibles, c'est-à-dire qu'elles peuvent être librement transformées en d'autres devises ;
– soit partiellement convertibles (convertibilité externe, seulement pour les non-résidents) ;
– soit encore inconvertibles. C'est le cas de nombreuses devises de pays en développement.

Sur les marchés des changes sont essentiellement négociées les devises convertibles. Elles sont cotées contre dollar.

Les devises les plus traitées sont notées ci-dessous avec l'indication entre parenthèses du pourcentage du volume global :
– le dollar (83 %),
– le deutschemark (38 %),
– le yen (24 %),
– la livre sterling (14 %),
– le franc suisse (9 %),

– le franc français (4 %),
– le dollar canadien (3 %),
– l'écu (3 %).

Cependant, on cote directement à Paris le mark-franc ou mark-Paris, alors qu'il fallait, il y a quelques années, coter le dollar/franc et le dollar/mark. De même est coté directement le dollar/livre. La parité la plus traitée reste de loin le dollar/mark.

Sur le marché des changes de Paris, la répartition par devises était la suivante :

Graphique I-1
Répartition par devises sur le marché des changes de Paris
(en %)

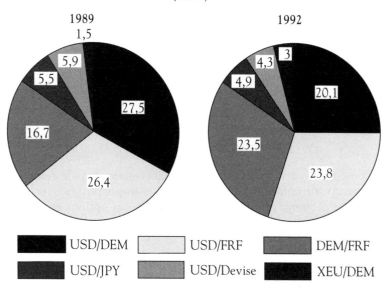

Source : Banque de France, septembre 1992.

La croissance des transactions en FRF/DEM montre les progrès en matière d'intégration économique et financière européenne de même que la hausse des opérations en écus contre USD, DEM et FRF.

En juin 1992, avait été signée une charte de tenue de marché sur le franc, sous l'égide du Trésor et de la Banque de France, entre plusieurs banques de la place de Paris pour ramener à Paris les transactions sur le marché du franc, qui s'était en partie déplacé à Londres. Les établissements bancaires s'étaient engagés à afficher sur le marché interbancaire des fourchettes de cours acheteur et vendeur sur deux parités au moins et pour des montants standardisés, pendant toute la séance de cotation de 8 heures 30 à 16 heures 30. Sur le dollar-Paris, l'écart acheteur/vendeur ne devait pas dépasser 10 centimes pour des montants maximaux de 10 millions de dollars. Sur le mark-Paris, l'écart maximal devait être de 3 points pour un montant de 30 millions de marks et pouvait aller jusqu'à 6 points pour des montants de 50 millions de marks. Il est évident qu'avec l'accroissement des marges du SME en août 1993, les écarts ont dus être revus à la hausse.

III - Les différentes contreparties

Sur le marché des changes de Paris, les contreparties des banques étaient réparties ainsi (Tableau I-2).

Tableau I-2
Contreparties des banques sur les marchés des changes

Courtiers de change	42,5 %
Banques non résidentes	25,2 %
Banques résidentes	17,3 %
Clientèle	15,0 %

Source : Banque de France.

IV - Les différents instruments financiers

La composition par instruments financiers varie dans le temps. Les opérations au comptant restent les plus importantes suivies des opérations à terme, et notamment des swaps, des options et enfin des futures de devises.

La répartition du volume et en pourcentage est donnée dans le tableau I-3.

Tableau I-3
Répartition du volume moyen quotidien des instruments financiers

	Volume moyen quotidien en milliards de USD	Part en %
Volume global net dont	1 130,3	100
Marché comptant	540,6	48
Marché à terme	528,7	47
– Terme sec	69,6	(7)
– Swap	457,5	(40)
Options	44,7	4
Futures	9,5	1

Source : BRI, 1993.

À Paris, la composition du marché des changes par instruments financiers en 1992 est indiquée par le graphique suivant.

Graphique I-2
Répartition des Instruments financiers sur les marchés des changes de Paris

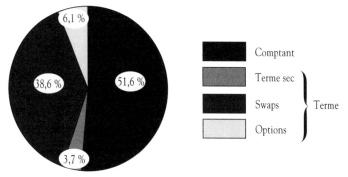

SECTION 4 • LES SALLES DE MARCHÉ

Les salles de marché (*dealing room*) regroupent des professionnels qui couvrent toute une gamme de produits de change et de trésorerie : devises, marché monétaire, options de change, futures et options sur taux d'intérêt et swaps de taux, de devises, etc.

La salle de marché d'une banque effectue toutes les transactions liées aux changes dans la banque et agit au nom de la banque sur le marché interbancaire, sur les marchés parallèles et avec les clients. Plusieurs raisons expliquent la concentration des systèmes d'information et de communication dans une même salle. Il faut qu'à chaque instant, les cambistes puissent connaître les cours sur les différentes places et qu'ils puissent communiquer entre eux, connaître les limites par contreparties, etc. Les cambistes disposent également de calculatrices ou d'ordinateurs qui leur permettent de procéder rapidement à des arbitrages. Le chef de salle de marché est responsable des opérations des tables de marché. Il dirige et coordonne toutes les activités et fait le lien entre les cambistes et la direction.

Les banques commerciales qui participent au marché sont reliées entre elles par des réseaux de communication télex, téléphone et par des moyens d'information fournis par des agences comme Reuters, Telerate, Bloomberg... Les cours pratiqués peuvent à tout instant être lus sur les écrans. De même, les nouvelles économiques, politiques et financières susceptibles d'influencer les marchés sont communiquées rapidement.

Depuis 1992, plusieurs systèmes de négociation ou *trading* automatisés sont en concurrence :

– Reuters, qui a été pendant longtemps le fournisseur unique du marché pour les cotations sur écran a introduit un nouveau service Dealing 2 000 qui assure l'exécution automatique des ordres. Cela signifie qu'un cambiste qui entre un ordre est d'office « marié » avec une contrepartie, ce qui est une situation très différente de la situation actuelle où le cambiste choisit sa contrepartie.

– Electronic Broking Service, EBS, regroupe 200 dealers dans 60 banques et institutions et permet de négocier par montant de 5 millions de dollars (USD/DEM) ou 5 millions de livres (GBP/DEM).

– MINEX, qui a commencé en avril 1993, est appuyé par un consortium de banques japonaises, de brokers japonais, la société de télécommunications japonaises KDD et Dow Jones Telerate, est surtout utilisé en Asie.

Ces systèmes automatisés permettent de diminuer les commissions de courtage, mais n'occupent encore qu'une place limitée.

Les cambistes utilisent aussi des logiciels qui leur permettent de connaître rapidement les divergences qui peuvent apparaître par exemple entre les écarts de taux d'intérêt d'une part, et les écarts entre cours à terme et cours comptant d'autre part. S'il existe des divergences sensibles, ils pourront procéder à des arbitrages.

Jusqu'à une date récente, les banques réservaient l'accès aux salles de marché aux grandes entreprises et aux ordres importants. On considérait qu'il fallait plusieurs ordres mensuels supérieurs au million de dollars pour y accéder.

En France, les banques ont décentralisé les salles de marché en province où elles accueillent des ordres de volume plus restreint. Elles rapprochent ainsi les services des clients. Les petites et moyennes entreprises étaient attachées au système de fixage (*fixing*) qui constituait pour elles une référence et la garantie d'une certaine égalité de traitement avec leurs concurrents. Dans certaines banques, il y a une référence quotidienne qui permet de traiter les petits ordres sur la base d'un cours acheteur et vendeur déterminé pendant une certaine tranche horaire.

À Londres, il existe des salles de marché pour entreprises moyennes.

En Allemagne, il existe une structure à trois niveaux. Au niveau local, la PME s'adresse au chargé de clientèle de la succursale de la banque pour passer un ordre sur une devise. Un cours lui est proposé. Si l'entreprise désire avoir un conseil spécifique, elle s'adresse à la filiale située dans une grande ville où se trouve un spécialiste des changes. Si l'opération est très importante, la transaction passe par l'une des trois salles de marché nationales à Francfort, Düsseldorf ou Hambourg. Cette procédure se comprend dans la mesure où la concurrence entre banques est plus faible du fait des liens étroits qui unissent les banques et les entreprises en Allemagne.

Les grandes entreprises suivent de près les fluctuations du marché et interviennent lorsqu'elles considèrent que les cours sont intéressants pour leurs opérations.

I - LE FRONT OFFICE

Les cambistes situés dans la salle des marchés des grandes banques, qui travaillent directement sur le marché, constituent le « front office », (appelé également *dealing room* ou *trading room*). Les opérateurs sont regroupés par « tables » ou *desk* : tables de devises et tables francs. Ils rencontrent régulièrement leurs clients et les conseillent sur la stratégie à adopter en matière de trésorerie devises ou francs.

Le rôle de la table est de faire du profit sur les opérations de change, de taux, de swaps, etc.

Les cambistes ont un double rôle :
– gérer les positions des clients et de la banque,
– donner des cours acheteur et vendeur, sans savoir si le client est acheteur ou vendeur, être prêts à acheter ou à vendre selon le souhait du client et dégager du profit pour la banque.

Ils doivent tenir compte
– des positions de change déjà ouvertes par la banque,
– de l'incidence de l'opération en cours sur cette position,
– des limites fixées par la Direction de la banque (limites par opérations, par contreparties, par position de change).

Les cambistes sont jugés d'après leur rentabilité.

Les opérations sont généralement divisées en plusieurs unités :
– une section marché monétaire et opérations de taux ;
– une section changes au comptant ;
– une section changes à terme ;
– une section options de devises ;
– et, éventuellement, une section futures de devises.

Le directeur du desk reporte généralement au directeur de la division Trésorerie.

Chaque transaction de change implique
– la détermination du montant échangé ;
– la fixation d'un cours de change ;
– l'indication de la date de règlement ;
– les instructions concernant la livraison.

II - LE BACK OFFICE

Le back office regroupe les personnes qui travaillent en dehors de la salle des marchés. Leurs activités sont diverses : informatique, comptabilité, contrôle de gestion, suivi administratif des opérations du front office, etc. À chaque activité correspond un département.

Le back office doit aider le front office et le décharger des tâches autres que les opérations sur le marché. Il doit concevoir des systèmes d'information et de gestion relatives aux opérations financières. Ils assurent en quelque sorte un contrôle financier ainsi qu'un contrôle de gestion des opérations de marché.

> Normalement, le front office et le back office doivent travailler en symbiose, sur un plan d'égalité. Dans la réalité, la circulation de l'information entre le front office et le back office est parfois difficile.

Un système de reporting très élaboré doit être mis en place de façon que les positions de la banque soient évaluées correctement. Cela permet un contrôle des positions et la fixation de limites par contrepartie ou par devise, etc.

Les salles de marché ont un rôle important à l'intérieur des banques puisqu'elles fournissent les informations concernant les changes à tous les services impliqués dans les transactions internationales, les services de gestion de portefeuille, etc. Ils donnent aussi l'information pour les sources de financement : swaps, etc.

SECTION 5 • LES FONCTIONS DES MARCHÉS

Les marchés des changes assurent le transfert de pouvoir d'achat. Lorsqu'il y a une transaction commerciale ou une opération financière, il y a transfert de pouvoir d'achat d'un pays vers un autre. Du fait de la globalisation des échanges, le marché des changes devient un marché sans frontières. Cependant, les États peuvent limiter les échanges en adoptant des politiques de contrôle de change.

Ils fournissent des instruments de couverture contre le risque de change. Dans les opérations de commerce international, les participants ne veulent pas subir le risque de change et préfèrent se couvrir en achetant ou vendant à terme les devises.

Les banques ne souhaitent généralement pas garder longtemps des positions de change et elles se couvrent aussi sur les marchés. D'ailleurs, des limites internes et externes sont fixées aux cambistes pour réduire les risques. Les limites internes sont données par la direction de la banque par devise, sur les positions au comptant ou à terme. À la fin de la journée, les cambistes auront soit bouclé leurs positions, soit passé leurs positions à une filiale de la banque située dans un autre fuseau horaire. Les limites externes peuvent être fixées par les banques centrales. Elles permettent les opérations de prêts ou d'emprunts de devises à court terme. Elles sont utilisées pour les opérations d'arbitrage et de spéculation.

CHAPITRE 2

Les régimes de change

En 1944, le système de Bretton Woods avait instauré un système de taux de changes fixes des devises avec une marge de fluctuation de plus ou moins 1 % par rapport au dollar. C'était un système de change étalon-or (Gold Exchange Standard). Les pays fixaient la parité de leur monnaie par rapport à l'or, mais n'étaient pas tenus d'échanger leur monnaie contre de l'or. Seul le dollar était convertible en or (un dollar était égal à 1/35 once d'or). Chaque pays signataire des Accords de Bretton Woods s'engageait à maintenir ce taux de change fixe par rapport au dollar. Lorsque les cours avaient tendance à s'éloigner des parités fixées, les banques centrales devaient intervenir. Si la monnaie avait tendance à s'affaiblir par rapport au dollar, la banque centrale du pays devait vendre du dollar contre monnaie nationale et inversement.

Deux institutions furent créées lors de la conférence de Bretton Woods :
– le Fonds monétaire international, destiné à maintenir l'ordre au sein du système monétaire international (30 pays membres en 1944), comprend maintenant, à l'exception de Cuba, la quasi-totalité des pays (177) ;
– la Banque mondiale[1] (Banque internationale pour la reconstruction et le développement), créée à l'origine pour aider à financer la reconstruction des économies européennes détruites par la guerre, finance des projets d'investissements dans les pays en développement.

Ces institutions siègent à Washington. Elles ont à la fois un rôle de conseil et de bailleur de fonds et se sont adaptées aux évolutions de l'environnement international.

Depuis les années 1970 et surtout avec l'instauration des systèmes de change flottants, la démarcation des tâches entre le FMI et la BIRD est devenue moins nette. Le FMI s'est intéressé davantage à des objectifs à

---
1. Le groupe de la Banque mondiale comprend la BIRD et ses filiales : la SFI (Société financière internationale), et l'AID (Association internationale de développement).

plus long terme et à la restructuration des économies des pays, et la Banque mondiale s'est également intéressée à des problèmes de politique macroéconomique.

La période étudiée dans ce chapitre se limite à l'examen du système monétaire international depuis 1971. On examine le fonctionnement de ce système de 1971 à 1987 (Section 1), l'évolution du dollar de 1987 à la période actuelle (Section 2), les différents régimes de change (Section 3). La dernière section (Section 4) est consacrée à l'étude du système monétaire international actuel.

SECTION 1 • LE SYSTÈME MONÉTAIRE INTERNATIONAL ET L'ÉVOLUTION DU DOLLAR DE 1971 À 1987

Comme le dollar, monnaie internationale, joue un rôle essentiel dans le système monétaire international, il est important de suivre ses évolutions.

I - L'ÉVOLUTION DU DOLLAR DE 1971 À 1976

Dès la fin des années soixante, l'écart croissant entre les dettes en dollars du gouvernement américain et les réserves en or encouragea la spéculation contre le dollar. Plusieurs monnaies dévaluèrent : la livre en 1967, en 1969 le franc français (dévaluation de 11,1 %), etc. En 1969, le mark réévalue de 9,1 %. En 1970, le gouvernement canadien décide de laisser flotter sa monnaie. En mai 1971, l'Allemagne décide également de laisser flotter sa monnaie, après avoir acheté des milliards de dollars pour empêcher l'appréciation du mark. En août 1971, le président Nixon, sans consulter les autres gouvernements, suspend la convertibilité du dollar en or.

En décembre 1971, à Washington, le groupe des dix pays les plus industrialisés signent un compromis, appelé plus tard le Smithsonian Agreement. Le dollar fut dévalué à $1/38^e$ d'once d'or et d'autres devises furent réévaluées par rapport au dollar. De plus, les marges de fluctuation des autres devises par rapport au dollar furent élargies, passant de plus ou moins 1 % à plus ou moins 2,25 %, c'est-à-dire une fluctuation maximale de 4,5 %.

En 1972, le déficit de la balance des paiements américaine reste toujours très élevé. La convertibilité du dollar en or est suspendue. En 1973, se développe la crise du pétrole, qui entraîna un quadruplement des prix du pétrole. En février 1973, le dollar est à nouveau dévalué et l'once d'or passe à 41,22 dollars.

En mars 1973, une nouvelle crise éclate quand les banques centrales européennes refusent d'acheter des dollars. Les principales nations industrialisées décident alors de laisser flotter leur monnaie.

En janvier 1976, dans les Accords de la Jamaïque (signés à Kingston), le FMI adopte un amendement sur les régimes de change, toujours valable.

Cet amendement stipule que chaque pays membre doit :
– s'efforcer de mener une politique économique et financière en vue d'une croissance dans la stabilité des prix ;
– chercher à promouvoir la stabilité en assurant des conditions économiques et financières adéquates ainsi qu'un système monétaire qui ne doit pas entraîner d'évolutions erratiques ;
– éviter de manipuler les taux de change dans le but d'empêcher un ajustement efficace de la balance des paiements ou de tenter de gagner un avantage comparatif déloyal par rapport à d'autres pays membres. Les pays peuvent intervenir pour éviter des fluctuations trop importantes de court terme, mais pas pour changer les évolutions de long terme.

Ces principes confèrent une grande latitude aux différents pays membres dans le choix de leur politique de change.

De plus, l'or est démonétisé comme monnaie de réserve.

II - L'ÉVOLUTION DU DOLLAR DE 1977 À 1987

En 1977 et 1978, le dollar subit une baisse constante. La balance des paiements américaine enregistre des déficits importants.

La Réserve fédérale s'était toujours efforcée, jusqu'en 1979, de stabiliser les taux d'intérêt, entraînant des variations importantes de la masse monétaire.

Le 6 octobre 1979, le nouveau président de la Réserve fédérale, Paul Volcker, annonce un changement majeur dans la politique monétaire : pour diminuer l'inflation, qui se situait autour de 13 à 14 %, les efforts porteront sur la *stabilisation de l'offre de monnaie*, même si cela entraîne une volatilité plus grande des taux d'intérêt.

Les taux courts d'intérêt dépassent les 20 % à l'automne 1979.

Les sommets d'Ottawa en 1981 et de Versailles en 1982 eurent pour objet la crise économique. Le sommet de Bonn fut consacré au lancement de négociations commerciales multilatérales. De 1982 à 1985, le Federal Reserve Board resserre sa politique monétaire. Il s'ensuit une hausse prolongée des taux courts en dollars.

Cette politique a eu des effets positifs puisque, de 1981 à 1984 (Président Reagan), le taux d'inflation baisse de façon sensible et est ramené à moins de 3 % en trois ans. La croissance économique est forte. De 1980 à 1985, le dollar s'apprécie. Il passe de 4,00 FRF en 1980 à 9,50 FRF à la fin de 1984 et atteint un record historique de 10,61 FRF (3,40 DEM) le 26 février 1985. Le déficit américain s'accroît également.

En septembre 1985, lors de l'accord du Plaza, à New York, les grands pays industriels, les Dix, considèrent que le dollar est fortement surévalué par rapport aux monnaies européennes et japonaise. Ils signent un accord international de coopération pour contrôler la volatilité des devises et établir des zones cibles pour les devises. Le dollar enregistre ensuite une baisse presque régulière jusqu'en décembre 1987, accélérée par le déficit commercial américain.

En février 1987, les Accords du Louvre, à Paris, prévoient l'intensification de la coordination des politiques économiques pour promouvoir la croissance et réduire les déséquilibres externes. Ils considèrent qu'une stabilisation du cours du dollar est souhaitable.

Les ministres des Finances du Groupe des sept pays les plus industrialisés, appelé G7[2], tentent de coordonner leur politique monétaire.

SECTION 2 • L'ÉVOLUTION DU DOLLAR DEPUIS 1987

En Juin 1987, Paul Volcker est remplacé par Alan Greenspan. On assiste à un essai pragmatique de gestion des taux de change. Un diagnostic est porté sur les priorités des gouvernements, une information est donnée sur les objectifs nationaux et on tente d'ajuster les politiques économiques pour atteindre des objectifs communs.

Il semble que l'action du G7 rencontre des limites lorsque les objectifs monétaires internes prévalent sur l'objectif de réduction des déséquilibres internationaux de paiements. La volatilité enregistrée entre 1987 et 1992, par exemple, est assez proche de celle observée de 1979 à 1987.

Le dollar enregistre une hausse jusqu'en juin 1989 (6,72 FRF), puis une baisse jusqu'en novembre 1990. Il atteint le point le plus bas depuis la Seconde Guerre mondiale, au-dessous de 1,50 DEM. Il se redresse en 1991 (6 FRF en 1991), puis retrouve le chemin de la baisse. En janvier

---

2. Les sept pays du G7 sont les États-Unis, le Japon, le Royaume-Uni, l'Allemagne, la France, le Canada et l'Italie.

1992, le processus de coordination continue avec le sommet de New York. Il s'agit plutôt d'un échange d'informations entre les sept pays industrialisés. Le 2 septembre 1992, le cours du dollar atteint son plus bas niveau historique à 1,3885 DEM et 4,45 FRF à Paris[3]. Il reprend ensuite sa hausse. Mais, en février 1994, la hausse brutale du yen affaiblit la devise américaine. En mai 1994, les banques centrales interviennent massivement pour arrêter la chute du dollar (1,6440 DEM et 5,62 FRF). (Voir graphique II-1, page suivante.)

La réunion du G7, en juillet 1994 à Naples, à laquelle la Russie participait pour la première fois a évité d'évoquer la baisse du dollar et les moyens de l'enrayer. Les marchés ont été convaincus que les pays du G7, à l'exception du Japon, s'accommodaient de la faiblesse du dollar. En novembre 1994, le dollar a atteint son plus bas niveau historique face au yen (USD = 96,10 JPY). L'importance du déficit de la balance des paiements américaine et les craintes de l'inflation peuvent expliquer en partie cette chute qui se produit malgré la forte reprise de la croissance enregistrée aux États-Unis.

SECTION 3 • LES DIFFÉRENTS RÉGIMES DE CHANGE

Le Fonds monétaire international classe les régimes de change en quatre catégories :
- les régimes de changes fixes,
- les régimes de changes flottant librement,
- les régimes de changes à flottement dirigé,
- les régimes de changes à flexibilité limitée.

Chacun des systèmes présente des avantages et des limites et le choix entre ces systèmes s'effectue selon les besoins des pays et selon les circonstances.

I - LES RÉGIMES DE CHANGES FIXES

Les régimes de change fixes sont actuellement un système de rattachement à une devise avec une parité fixe :
- dollar américain (31 pays),
- franc français (14 pays),
- DTS[4] (12 pays),
- autres devises (4 pays).

La devise peut aussi être rattachée à une autre devise, mais avec une flexibilité limitée (5 pays).

---

3. Le record précédent de baisse du dollar avait été atteint en France en mars 1973 à 3,85 FRF.

4. Le DTS, ou droit de tirage spécial, a été créé en 1970 comme monnaie de réserve internationale. Il comprend le dollar, la livre britannique, le dollar canadien, le yen, le deutschemark et le franc français.

LES CHANGES ET LE RISQUE DE CHANGE

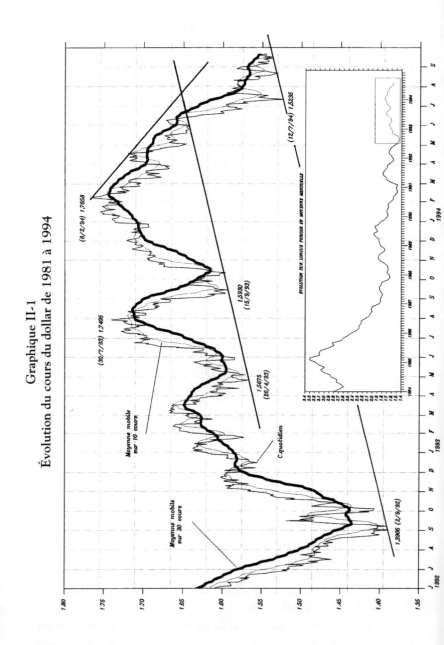

Graphique II-1
Évolution du cours du dollar de 1981 à 1994

Source : *Regards sur les changes*, BNP, 1994.

LES RÉGIMES DE CHANGE

Tableau II-1
Les régimes de changes établis par référence à une monnaie ou à un panier de monnaie

À une seule monnaie			À un panier de monnaies	
Dollar E.U.	Franc français	Autre monnaie	DTS	Autre que le DTS
Angola	Bénin	Azerbaïdjan	Jamahiriya	Algérie
Antigua-	Burkina Faso	(rouble)	arabe	Autriche
et-Barbuda	Cameroun	Bhoutan	libyenne	Bangladesh
Argentine	Comores	(roupie)	Myanmar	Botswana
Bahamas	Congo	Estonie	Rwanda	Burundi
Barbade	Côte d'Ivoire	(deutsche mark)	Seychelles	Cap-Vert
Belize	Gabon	Kiribati		Chypre
Djibouti	Guinée	(dollar australien)		Fidji
Dominique	équatoriale	Lesotho		Hongrie
Grenade	Mali	(rand sud-africain)		Îles Salomon
Îles Marshall	Niger	Namibie		Islande
Iraq	République	(rand sud-africain)		Jordanie
Libéria	centrafricaine	San-Marin		Koweit
Lituanie	Sénégal	(lire italienne)		Malte
États fédérés	Tchad	Swaziland		Maurice
de Micronésie	Togo	(rand sud-africain)		Maroc
Nigéria				Mauritanie
Oman				Népal
Panama				Papouasie-
République				Nouvelle-Guinée
arabe syrienne				République
Saint-Kitts-et-				tchèque
Nevis				Samoa occidental
Saint-Vincent-				Thaïlande
et-Grenadines				Tonga
Sainte-Lucie				Vanuatu
Suriname				Zimbabwe
Turkménisan				
Rép. du Yémen				

Source : FMI, 1994.

A. Le fonctionnement du système

> Dans un système de taux de changes fixes, les taux sont maintenus constants ou peuvent aussi fluctuer à l'intérieur d'une fourchette étroite.
> Lorsqu'une monnaie a tendance à dépasser les limites prévues, les gouvernements interviennent pour la maintenir à l'intérieur de ces limites.

Dans un tel système, l'ajustement s'effectue ainsi : l'offre de monnaie domestique augmente (ou diminue) sous l'influence des variations de l'excédent (ou du déficit) de la balance des paiements. Les variations de réserves monétaires sont rapides.

La devise peut être raccrochée à une autre devise ou à un panier de devises.

Un pays raccroche sa devise à une autre devise lorsque la plupart de ses transactions internationales sont libellées dans cette devise.

C'est ce qui explique que les pays raccrochent leur monnaie au dollar, notamment certains pays pétroliers dont les exportations sont en grande partie libellées en dollars.

Certains pays ont leur devise rattachée au franc français, et indirectement à l'écu. Ce sont surtout d'anciennes colonies françaises, qui choisissent librement ce système.

D'autres ont leur devise rattachée au rouble : l'Ouzbékistan, le Kazakhstan, le Tadjikistan, l'Arménie et la Biélorussie ont décidé de rattacher leur devise au rouble, tout au moins pendant une période de transition.

D'autres encore ont leur devise rattachée au DTS. Il s'agit de pays pour qui le dollar n'est pas la seule monnaie de transaction avec les pays étrangers.

B. Les avantages du système de taux de change fixes

Les partisans des taux de change fixes considèrent que ce système de taux de change fixe présente plusieurs avantages :

– il confère une certaine confiance en la devise du pays dans la mesure où celle-ci est rattachée à une devise déterminée ou à un panier de devises ;

– il permet aux gouvernements de mener une politique monétaire plus indépendante ;

– il entraîne une certaine discipline dans les politiques internes.

Certains pays, en raccrochant leur monnaie à une autre devise, ont créé un Conseil de devises. Ce Conseil est un dispositif analogue à un fonds de stabilisation pour assurer un cours fixe vis-à-vis d'une monnaie définie. En 1991, l'Argentine a raccroché sa devise au dollar en vue de combattre l'inflation en même temps qu'elle instituait un Conseil des devises dont le rôle est d'accorder des devises étrangères à un cours fixe. Le Conseil détient des réserves en devises étrangères et en or pour garantir les opérations. Un système du même type a été adopté en 1994 par la Lituanie qui a raccroché sa devise au dollar. Hong Kong a, depuis 1983, un système semblable.

En 1992, l'Estonie a raccroché sa devise au mark en adoptant un système proche du Conseil de devises.

C. Les limites du système de taux de change fixes

Les inconvénients des systèmes de taux de change fixe sont les suivants :
– Les politiques monétaires des pays sont moins libres. Les pays peuvent avoir un déficit de la balance des paiements tant que la communauté internationale accepte de le financer.
– Les réserves internationales du pays doivent être importantes.
– Les politiques de rééquilibrage des balances des paiements s'appuient sur des politiques nationales inflationnistes ou déflationnistes.

II - LES RÉGIMES DE CHANGE FLOTTANTS

En régime de changes flexibles ou flottants, l'ajustement se fait sur le marché en fonction du libre jeu de l'offre et de la demande. Dans la pratique, les banques centrales interviennent dans certains cas.

A. Les différents régimes de changes flexibles

Il existe plusieurs types de régimes de changes flexibles :
– les régimes de change flexibles libres,
– les régimes de change à flexibilité dirigée,
– les régimes de change à flexibilité ajustée selon une série d'indicateurs,
– les régimes de change à flexibilité limitée par rapport à une seule devise ou selon certains accords (Accords de la CE). Le SME fait l'objet de la section suivante. (Voir tableau II-3, page suivante.)

B. Les avantages du système de changes flexibles

Ce système permet un ajustement constant, plus rapide des cours de change.

Les politiques monétaire et fiscale des pays peuvent être plus flexibles et plus autonomes.

Les banques centrales n'ont plus besoin de conserver des réserves importantes pour défendre le cours de la monnaie. Elles peuvent également s'endetter.

C. Les inconvénients des régimes de changes flexibles

Les cours de change enregistrent une volatilité plus grande et cela peut avoir une influence négative sur le commerce international.

Un régime de changes flexibles peut être inflationniste dans la mesure où il entraîne moins de contraintes dans les politiques monétaires des pays.

Les fluctuations dues aux mouvements de capitaux à court terme sont importantes.

La devise du pays peut être considérée avec moins de confiance qu'une devise à taux de change fixe.

Tableau II-2
Les différents régimes de change flexibles

À une seule monnaie	À d'autres monnaies dans le cadre de mécanismes de coopération monétaire	Taux de change modulé en fonction d'un ensemble d'indicateurs	Autres régimes de flottement dirigé	Régimes de flottement indépendant	
Arabie saoudite	Allemagne	Chili	Bélarus	État islamique d'Afghanistan	Afrique du Sud
Bahreïn	Belgique	Madagascar	Cambodge	Albanie	États-Unis
Émirats arabes unis	Danemark	Nicaragua	Chine	Arménie	Norvège
Qatar	Espagne		Colombie	Australie	Nouvelle-Zélande
	France		Corée	Bolivie	Paraguay
	Irlande		Égypte	Brésil	Pérou
	Luxembourg		Équateur	Bulgarie	Philippines
	Pays-Bas		Grèce	Canada	Ouganda
	Portugal		Guinée	Costa Rica	Roumanie
			Guinée-Bissau	Croatie	Royaume-Uni
			Indonésie	El Salvador	Russie
			Israël	Éthiopie	Sierra Leone
			Malaisie	Finlande	Suède
			Maldives	Gambie	Suisse
			Mexique	Géorgie	Tanzanie
			Pakistan	Ghana	Trinité-et-Tobago
			Pologne	Guatemala	Ukraine
			Rép. dém. pop. lao	Guyana	Zaïre
			São Tomé-et-Principe	Haïti	Zambie
			Singapour	Honduras	
			Slovénie	Inde	
			Somalie	Rép. islamique d'Iran	
			Soudan	Italie	
			Sri Lanka	Jamaïque	
			Tunisie	Japon	
			Turquie	Kazakhstan	
			Uruguay	Kenya	
			Venezuela	Lettonie	
			Viet-nâm	Liban	
				Ex-rép. yougoslave de Macédoine	
				Malawi	
				Moldova	
				Mongolie	
				Mozambique	
				Rép. Dominicaine	
				Rép. kirghize	

Source : FMI, 1994.

SECTION 4 • LE SYSTÈME MONÉTAIRE EUROPÉEN

Dès 1962, début des tensions au sein du SMI, les pays européens envisagent de resserrer les liens monétaires. En 1970, le rapport Werner proposait un plan pour réaliser l'Union économique et monétaire. En 1972, fut créé « le serpent monétaire européen » et, en 1973, le Fonds européen de coopération monétaire, FECOM. Des monnaies composites sont proposées : l'EURCO en 1973, l'UCE, unité de compte européenne en 1975.

Le système monétaire européen a été créé en 1978 pour :
– établir une zone de stabilité monétaire en Europe,
– développer le commerce et assurer la croissance,
– arriver à une certaine convergence des politiques économiques des différents pays.

I - Le fonctionnement du SME

A. L'écu

L'écu[1] est l'élément central du système monétaire européen. C'est un panier monétaire composé des différentes monnaies des pays de la Communauté européenne, pondérées selon le poids économique de chacun d'entre eux (Tableau II-3).

Tableau II-3
Composition de l'écu

Devise	Quantité[1]	Pondération en %
DEM	0,642	31,79
FRF	1,332	20,06
GBP	0,08784	11,23
ITL	151,8	8,43
NLG	0,2198	9,96
BEF	3,301	8,16
LUF	0,130	0,32
ESP	6,885	4,95
DKK	0,1976	2,61
IEP	0,008552	1,16
GRD	1,440	0,55
PTE	1,393	0,79

(1) Fixées le 21 septembre 1989.

---

1. ECU : European Currency Unit ou unité monétaire européenne.

L'écu « officiel » ou public est une unité de compte pour les paiements entre banques centrales. Il est aussi utilisé pour l'assistance que la Communauté européenne accorde aux États membres en situation économique difficile au titre de la balance des paiements.

L'écu privé a pris une place plus importante sur les marchés privés. Il est traité par les banques comme une monnaie et tous les instruments monétaires peuvent être libellés en écus : il est utilisé pour l'émission d'emprunts et de crédits interbancaires, l'octroi de crédits à des particuliers, l'ouverture de comptes d'épargne, etc. Il existe des contrats de futures et des contrats de taux en écus : un contrat à court terme sur le LIFFE (London International Futures Exchange) et un contrat à long terme sur le MATIF (Marché à Terme International de France).

Sur les marchés internationaux de capitaux, l'écu a occupé une place importante : deuxième place en 1991, sixième place en 1992 après la crise de l'automne, mais neuvième place en 1994.

Sur le plan commercial, des entreprises l'utilisent comme monnaie de facturation : les comptes de certaines multinationales sont établis en écus. L'intérêt de l'écu comme monnaie de crédit ou d'emprunt réside dans sa relative stabilité. En effet, il représente, de par sa composition, une moyenne pondérée de différentes monnaies fortes et faibles de sorte que les effets des variations de cours des différentes monnaies sur le cours de change et sur les taux d'intérêt ont tendance à se neutraliser.

B. Les mécanismes du SME

• *Le mécanisme de change*

Chaque monnaie a un cours pivot fixé en écus. La parité de deux monnaies ne peut fluctuer que dans une certaine marge de part et d'autre de ce cours pivot (2,25 % ou exceptionnellement 6 %, à l'origine, 15 % depuis le 2 août 1993). Les Pays-Bas ont conservé avec le mark des marges de fluctuation étroites de 2,25 %. La Grèce ne fait pas partie du système monétaire européen. L'Italie et le Royaume-Uni se sont retirées du SME en 1992.

On calcule un écart maximal de divergence égal à :

$$m(1-p)$$

avec

m : marge de fluctuation,

p : pondération de la devise dans l'écu.

On calcule un seuil de divergence, égal à 0,75 de l'écart maximal de divergence. Si ce seuil est atteint, les gouvernements doivent prendre des mesures de politique économique et monétaire. Les banques centrales doivent intervenir pour que les cours restent dans les marges de fluctuation autorisées.

- *Le mécanisme de règlement*

Des écus officiels ont été créés par le dépôt de 20 % des réserves d'or et de dollars des États membres auprès du Fonds européen de coopération monétaire (FECOM).

- *Le mécanisme de crédit*

Plusieurs mécanismes de crédit communautaires ont été créés :

– crédits monétaires à très court terme, à 45 jours fin de mois,

– crédits monétaires à court terme, qui permettent aux États membres de faire face à un besoin de financement à court terme, consécutif à un déficit temporaire de la balance des paiements dû à des difficultés accidentelles ou conjoncturelles. Leur durée est de trois mois, renouvelable deux fois,

– concours financiers à moyen terme.

Ils sont destinés à remédier à des graves difficultés en matière de balance des paiements. Ils doivent s'accompagner de mesures économiques et monétaires.

C. La Banque européenne d'investissement (BEI)

Elle a été créée par le traité de Rome en 1958. Ses membres sont les pays membres de la Communauté. Elle a pour but de contribuer au développement équilibré de la Communauté, sans poursuivre de but lucratif.

II - L'Union économique et monétaire

À Maastricht, les 9 et 10 décembre 1991, les chefs de gouvernement européens ont décidé la mise en place d'une Union monétaire européenne (UME), l'adhésion à celle-ci impliquant une fixité irrévocable des taux de change entre les différents pays participants. Le traité de Maastricht veut concrétiser l'introduction d'une monnaie commune.

L'Union économique et monétaire vient compléter le mécanisme formé par l'union douanière du traité de Rome et le grand marché de l'Acte unique.

A. Les objectifs de l'Union économique et monétaire

Ces objectifs visent à
- l'adoption d'une politique économique fondée sur la coordination étroite entre les politiques économiques des États membres, au sein du Conseil Ecofin, qui regroupe les ministres des Finances,
- la fixation irrévocable de taux de change conduisant à une monnaie unique,
- la conduite d'une politique monétaire unique ayant pour objectif la stabilité des prix et le soutien des politiques économiques générales dans les pays de la Communauté.

B. Les institutions

L'Union économique et monétaire est en quelque sorte la suite logique du SME.

L'écu doit devenir la monnaie commune et il doit y avoir une politique monétaire commune, avec la création d'une banque centrale européenne (BCE) qui doit être une institution indépendante.

L'Union monétaire se caractérisera sur le plan institutionnel par la constitution de
- banques centrales nationales,
- et de la Banque centrale européenne.

La répartition des responsabilités entre Banque centrale et banques nationales sera fondée sur deux principes fondamentaux :
- *indivisibilité* de la décision de politique monétaire : la responsabilité de la définition de la politique monétaire sera centralisée et assumée par le Conseil des gouverneurs et le Directoire de la Banque centrale européenne ;
- *subsidiarité* : dans les domaines qui ne relèvent pas de sa compétence exclusive, la Banque centrale européenne n'interviendra que dans la mesure où les objectifs envisagés ne peuvent être réalisés par les banques nationales. Les Banques centrales nationales ont la possibilité de poursuivre d'autres activités à condition qu'elles n'interfèrent pas avec les objectifs et missions du système.

La volonté des gouvernements européens de construire une union économique et monétaire relève autant d'une motivation monétaire que politique.

C. Les différentes étapes

• *Première étape : 1ᵉʳ juillet 1990 - 1ᵉʳ janvier 1994*

Cette étape a été marquée par la libération des mouvements de capitaux et s'est terminée avec la présentation de programmes de convergence. Le Conseil des ministres de l'Économie et des Finances (Ecofin) a apporté les éléments permettant au Conseil européen de définir les grandes orientations d'« intérêt commun » en matière de politique économique, orientations communiquées au Parlement.

• *Deuxième étape : 1ᵉʳ janvier 1994 - 1ᵉʳ janvier 1997 ou 1ᵉʳ janvier 1999* : mise en place d'un Institut monétaire européen.

La mission de cet Institut, situé à Francfort, est de renforcer la coordination entre les Douze et de préparer la création d'une Banque centrale européenne (BCE). Il doit promouvoir et surveiller la convergence économique des différents pays, promouvoir et faciliter l'emploi de l'écu.

Durant cette période transitoire, appelée à se terminer au plus tard le 1ᵉʳ janvier 1999 avec la création d'une monnaie unique, les situations budgétaires et la dette publique de chaque pays sont surveillées. Il faut répondre à cinq critères très stricts pour pouvoir accéder à la monnaie unique.

1. L'inflation ne doit pas être supérieure de plus de 1,5 % à celle de la moyenne des trois États membres les plus performants,

2. le déficit budgétaire ne doit pas être supérieur à 3 % du PIB, sauf s'il est en diminution régulière ou en cas de circonstances exceptionnelles,

3. la dette publique ne doit pas être supérieure à 60 % du PIB, sauf si elle diminue vers le seuil de référence,

4. le taux d'intérêt à long terme ne doit pas être supérieur de plus de 2 points à celui des trois États membres les plus performants,

5. le pays doit faire partie du SME depuis au moins deux ans en respectant les marges de fluctuation les plus étroites.

En 1996, la Commission européenne et l'Institut monétaire européen, embryon de banque centrale européenne, effectueront un diagnostic.

• *Troisième étape : 1ᵉʳ janvier 1997 ou 1ᵉʳ janvier 1999*

Sept États membres au moins devront remplir les cinq conditions pour signer sur la monnaie unique.

En cas de carence en 1997, les États remplissant les conditions au 1ᵉʳ janvier 1999 passeront à la phase finale de monnaie unique, quel que soit leur nombre.

Lorsque l'Union monétaire sera réalisée, l'écu aura un statut différent. Alors que jusque-là, c'est une monnaie composite constituée de toutes les monnaies des pays de la Communauté européenne, pondérées en fonction de leur poids économique respectif, lorsqu'il y aura Union, le cours de l'écu sera fixé par rapport aux autres monnaies composantes. La Banque centrale européenne assumera alors pleinement ses fonctions et exercera un contrôle sur la circulation des monnaies participantes et de l'écu qui remplacera progressivement les anciennes devises de la Communauté. L'écu deviendra alors une véritable monnaie.

Après sa mise en place, les monnaies qui ne participeront pas à l'Union monétaire pourront être dévaluées sans que cela ait d'incidence sur la valeur de l'écu.

La création d'une monnaie unique, prévue au plus tard le 1er janvier 1999, a des conséquences considérables sur le fonctionnement des banques centrales. Le traité de Maastricht institue un système européen de banques centrales (SEBC), composé des banques centrales nationales et coiffé par une institution supranationale, la Banque centrale européenne (BCE). La Banque centrale européenne est seule habilitée à autoriser l'émission de billets de banque dans la Communauté. Seuls les billets émis par la BCE et les banques centrales nationales ont cours légal dans la Communauté.

Le SEBC est dirigé par les organes de décision de la BCE : le Conseil des gouverneurs et le Directoire.

Le *Directoire* se compose de six membres nommés pour huit ans et non renouvelables : le président, le vice-président et quatre autres membres nommés d'un commun accord par les représentants des États membres (chefs d'État ou gouvernement) sur recommandation du Conseil et après consultation du Parlement européen et du Conseil des gouverneurs de la BCE.

Le *Conseil des gouverneurs* comprend les membres du Directoire ainsi que les gouverneurs de banques centrales des pays qui auront accepté le passage à la troisième phase de l'UEM (Union économique et monétaire). Les décisions seront prises à la majorité simple, sauf pour la gestion du capital et des revenus de la banque, cas où le vote des gouverneurs se déroule à la majorité qualifiée (pondération égale à la part de chaque pays dans le capital de la BCE, qui sera fonction pour moitié de la population et pour moitié du PIB).

L'objectif principal du SEBC est de maintenir la *stabilité des prix*. (Aux États-Unis, le principal objectif de la Fed est le plein emploi.)

Mais c'est le Conseil européen qui fixe les orientations de politique économique et le Conseil des ministres qui surveille les déficits budgétaires des États membres et détermine les rapports entre l'écu et les monnaies non européennes.

La BCE est entièrement indépendante. Il est prévu expressément que « ni la BCE, ni une banque centrale nationale, ni un membre quelconque de leurs organismes de décision ne peuvent solliciter ni accepter des instructions des institutions ou organes communautaires, des gouvernements des États membres ou de tout autre organisme » (Article 109 B).

SECTION 5 • APPRÉCIATION DU SYSTÈME MONÉTAIRE INTERNATIONAL

On a longtemps dit que le système de taux de change flottant faciliterait le libre échange, puisque la fluctuation des devises devait compenser les différences des taux d'inflation dans les différents pays de sorte que la production, les salaires, l'emploi n'avaient pas à s'ajuster. On devait obtenir une dépréciation des monnaies des pays à fort taux d'inflation qui permettrait à ces pays de rester compétitifs sans avoir à diminuer l'emploi ni les salaires.

De même, l'appréciation des devises des pays à faible taux d'inflation ne serait pas désavantagée car les taux de change réels se stabiliseraient. Si les pays coordonnaient leur politique monétaire pour avoir des taux d'inflation assez proches, on obtiendrait alors également une stabilisation des taux de change nominaux.

On doit cependant constater que l'expérience n'est pas concluante. La volatilité des cours de change n'a pas diminué. Elle s'est même amplifiée. Cela a amené certains économistes à préconiser un retour à un régime de parités fixes. L'exemple du système monétaire européen, qui avait bien fonctionné jusqu'en 1992, semblait probant. Depuis 1993, les problèmes se sont posés à nouveau. En 1994, la forte augmentation du yen et la baisse du dollar ont montré que les cours de change sont toujours très volatils. La libéralisation des mouvements de capitaux est difficilement compatible avec des taux de change fixes. De plus, les actifs financiers sont négociables aussi bien sur les marchés nationaux qu'internationaux et accroissent les volumes des opérations sur les marchés des changes. Enfin, les investisseurs institutionnels diversifient de plus en plus leurs portefeuilles, ajoutant encore aux mouvements de capitaux internationaux et à l'instabilité des changes.

CHAPITRE 3

Le risque de change

Les variations des cours de change entraînent des variations de prix des actifs ou des passifs des entreprises et des banques libellés en devises étrangères, des créances et dettes libellées en devises étrangères ainsi que des cash flows en devises attendus. Les fluctuations importantes des cours et des taux d'intérêt sont à l'origine du développement des spéculations et des besoins de couverture des risques financiers. La gestion du risque de change nécessite l'identification préalable des opérations exposées au risque : transactions commerciales ou financières, actifs ou passifs exposés, etc.

Ce chapitre s'intéresse d'abord aux différents types de risque de change des entreprises (Section 1), puis au risque de change des banques (Section 2). L'importance de ces risques entraîne la nécessité de la couverture, notamment sur les marchés (Section 3). La couverture de ces risques par d'autres méthodes ne fait pas l'objet de cet ouvrage[1].

SECTION 1 • LE RISQUE DE CHANGE DANS LES ENTREPRISES

I - Le rôle du trésorier dans la couverture du risque de change

Les entreprises réalisent de plus en plus des parts significatives de leur chiffre d'affaires avec l'étranger et doivent se protéger contre une évolution défavorable des devises, qui peut entraîner des fluctuations importantes de leurs résultats.

La direction générale de l'entreprise ou du groupe indique de façon formalisée la politique en matière de risque de change et met au point des systèmes de contrôle des politiques de gestion du risque de change.

Les trésoriers des entreprises centralisent toutes les opérations en devises des différents services de l'entreprise ou des filiales, de façon à

---

1. *Cf.* pour plus de détails J. Peyrard, *Gestion de trésorerie internationale*, PUF, Paris, 1991, et J. Peyrard, *Finance internationale d'entreprise*, Vuibert, Collection Gestion, Paris, 1988.

– connaître tous les flux générateurs de risque de change : flux commerciaux et flux financiers dans chaque devise et par période définie et durée de couverture nécessaire,
– évaluer le risque de change global de l'entreprise,
– faire des prévisions sur l'environnement monétaire international,
– proposer des stratégies de couverture : couverture de la position nette ou couverture par opération,
– choisir les instruments les mieux adaptés à la couverture : achats ou ventes à terme de devises, options de devises pour des commandes prévisionnelles, par exemple, emprunts à l'étranger pour couvrir l'achat d'un équipement dans une filiale étrangère,
– définir des règles de gestion, c'est-à-dire déterminer le niveau de risque que l'entreprise est prête à accepter. Souvent, les règles de gestion doivent permettre, comme disent les professionnels, de « geler » la marge. Le trésorier garantit un cours aux commerciaux et aux directeurs de filiales d'entreprises de façon qu'ils soient à l'abri des variations monétaires et il se charge de couvrir le risque de change,
– gérer la position de change en permanence et notamment lorsqu'il y a eu recours aux nouveaux instruments financiers,
– revoir régulièrement la stratégie de gestion du risque de change.

Pour assurer la sécurité des opérations de change et éviter, par exemple, le risque de contrepartie, les opérations sont généralement effectuées avec des banques de premier plan.

Plusieurs groupes multinationaux disposent d'une banque de groupe dans laquelle il y a une petite salle de marché, qui permet au groupe d'effectuer directement les opérations sur les marchés des changes.

II - Les différentes catégories de risque de change

On distingue trois catégories de risque de change :
– le risque de change de transaction,
– le risque de change de consolidation,
– le risque de change économique.

A. Le risque de change de transaction

a) Calcul de la position de change de transaction

Le risque de change de transaction naît du fait que des coûts ou des cash flows futurs sont libellés en devises étrangères. En effet, si le cours de la devise change, le montant du cash flow, converti en monnaie domestique, est affecté par ce changement[2].

---

[2]. Lorsqu'il y a eu dévaluation de la lire italienne en 1992, les prix des automobiles Peugeot, Citroën et Renault étaient définis en francs. La marge des producteurs a dû baisser pour que les prix exprimés en lires n'augmentent pas trop, de façon à rester compétitifs.

Le risque de change de transaction est lié
 – soit à des transactions commerciales : importations ou exportations en devises étrangères,
 – soit à des opérations financières : emprunt ou prêt en devises étrangères,
 – soit à des flux de dividendes en devises étrangères.

La position de change qui résulte des créances et dettes en devises étrangères d'une entreprise ou d'un groupe s'appelle position de change de transaction.

La position de change globale de transaction est obtenue en regroupant les créances et les dettes de même échéance ou de termes suffisamment voisins et par devises. Le trésorier opère les compensations pour diminuer les opérations de couverture : il calcule la différence entre ces créances et ces dettes. Si cette différence est positive, on dit que la position de l'entreprise est ouverte et longue dans la devise considérée.

Si elle est négative, on dit que la position de l'entreprise est courte dans la devise considérée.

b) La comptabilisation des opérations en devises

• *La comptabilisation des opérations commerciales en devises*

La comptabilisation des opérations commerciales peut être effectuée de trois façons différentes :
 – cours de référence : il s'agit d'un cours communiqué par la direction financière de l'entreprise, utilisable pour toutes les opérations en devises dans toutes les filiales ;
 – cours comptant : le cours du jour est alors retenu, mais il est évident qu'il y aura des différences entre ce cours et le cours au moment du règlement effectif ;
 – cours à terme : la comptabilisation au cours à terme est la plus employée, notamment pour les opérations faisant l'objet d'une couverture à terme.

• *La comptabilisation des opérations financières en devises*

Les dettes, créances et disponibilités en monnaies étrangères figurent au bilan pour leur contre-valeur au cours de fin d'exercice.

Les différences de change non réalisées figurent dans les comptes « Écarts de conversion ». Les pertes latentes de change qui ne sont pas compensées font l'objet d'une provision pour risques.

Les dettes ou créances libellées en devises et converties par des engagements individualisés libellés dans la même devise et de même terme sont considérées comme des dettes ou créances en francs dont le montant est déterminé par le cours de l'engagement de couverture.

Les entreprises ont tendance à couvrir soit une opération particulière, vente ou achat, soit à couvrir l'ensemble des ventes ou des achats de biens et services prévus dans les trois mois, ou dans l'année, voire davantage, si elles ont une position stratégique dans une devise.

B. Le risque de change de consolidation

La consolidation d'états financiers implique des actifs et des passifs libellés en devises étrangères et donne naissance à un risque de change appelé risque de change de consolidation ou risque de change comptable. Lors de la consolidation, on doit utiliser un taux de change pour transformer les comptes des filiales étrangères libellés en devises étrangères en monnaie domestique de la société mère. En effet, les investisseurs, les établissements financiers, ont intérêt à connaître la situation consolidée du groupe en monnaie nationale. Cette transformation entraîne une variation des profits du groupe en fonction des variations des devises.

La position de change qui résulte de la conversion des états financiers est appelée position de change de consolidation. Cette position varie selon les méthodes comptables utilisées.

Un porte-parole de Toyota déclarait en 1993, « Nous estimons que chaque fois que le dollar recule d'un yen, le bénéfice avant impôts de la société diminue de 10 milliards de yens ».

Le risque de change touche aussi le patrimoine de l'entreprise. Une firme française qui voudrait revendre un immeuble possédé par sa filiale étrangère italienne en aurait tiré, immédiatement après la dévaluation, un prix qui, converti en francs, serait inférieur à celui qu'elle aurait pu obtenir avant la dévaluation de la lire en 1992.

Plusieurs méthodes de conversion des comptes sont utilisées selon les entreprises :

• *La méthode court terme-long terme* (current-non current method) *ou méthode du fonds de roulement.*

Basée sur la durée de détention des actifs et des passifs du bilan, elle consiste à convertir les actifs et passifs à court terme du bilan au cours de clôture et les actifs et passifs à long terme au cours historique. La position de change de consolidation qui résulte de l'application de cette méthode correspond au fonds de roulement de l'entreprise.

Une appréciation de la devise étrangère donne naissance à un gain de change si le fonds de roulement est positif et à une perte de change si le fonds de roulement est négatif. Une dépréciation de la devise entraîne les conséquences inverses.

On peut modifier la position de change de consolidation en agissant sur les facteurs affectant le fonds de roulement.

Les postes du compte de résultats sont convertis au cours de change moyen de la période, à l'exception des recettes et dépenses liées aux actifs et passifs à long terme.

- *La méthode des postes monétaires et des postes non monétaires*

Les postes monétaires comprennent les dettes à long terme, les effets à recevoir et à payer, les liquidités, etc.

Les postes non monétaires comprennent les actifs et passifs « physiques » comme les stocks, les actifs immobilisés, etc.

Les actifs et passifs monétaires sont convertis au cours de clôture et les postes non monétaires sont convertis au cours historique.

Les postes du compte de résultats sont convertis au cours de change moyen de la période, à l'exception des recettes et dépenses liées aux actifs et passifs non monétaires, convertis au même cours que celui utilisé pour les postes correspondants du bilan.

- *La méthode du cours de clôture*

Elle consiste à convertir tous les postes du bilan libellés en devises étrangères au cours de clôture.

Avec cette méthode, la position de change de consolidation est reflétée par les capitaux propres.

- *La méthode « temporelle »* (temporal method)

C'est une variante de la méthode précédente.

Elle utilise

– le cours de clôture pour tous les postes du bilan évalués au coût de remplacement, à la valeur estimée ou à la valeur de marché,

– le cours historique pour tous les autres postes.

Les stocks peuvent être convertis au cours historique ou au cours actuel.

Les postes du compte de résultats sont normalement convertis au cours de change moyen de la période. Le coût des marchandises vendues ainsi que les amortissements liés aux postes du bilan sont convertis au cours historique.

Cette approche repose sur le fait que le cours de conversion utilisé doit respecter les principes comptables utilisés lors de l'évaluation des actifs et des passifs du bilan.

Il est évident que les méthodes employées donnent des résultats différents quant à la position de change de consolidation et font apparaître des gains ou des pertes de change différents.

Ces méthodes sont illustrées ci-après à partir de bilans simplifiés.

Supposons le bilan d'une filiale de la société AGATHE en unités du pays A, l'ULM (unité monétaire locale). Le cours à l'ouverture est : UML/FRF = 0,50.

Tableau III-1
Bilan de la filiale

	en UML	en FRF
Actif immobilisé	10 000	5 000
Stocks	8 000	4 000
Liquidités	2 000	1 000
ACTIF	20 000	10 000
Capitaux propres	10 500	5 250
Dettes à long terme	6 700	3 350
Effets à payer	2 800	1 400
PASSIF	20 000	10 000

On suppose qu'aucune nouvelle opération n'est réalisée et qu'une dépréciation de la devise étrangère la fait passer à : UML/FRF = 0,40. (Les postes qui ont été convertis ont été suivis d'un astérisque. Les autres restent comptabilisés au cours historique.) Le bilan de la société filiale devient selon les méthodes comptables utilisées :

Tableau III-2
Bilans comparés selon différentes méthodes comptables

	Méthode du cours actuel	Méthode court terme -long terme	Méthode monétaire/ non monétaire
Actif immobilisé	4 000 *	5 000	5 000
Stocks	3 200 *	3 200 *	4 000
Liquidités	800 *	800 *	800 *
ACTIF	8 000	9 000	9 800
Capitaux propres	5 250 '	5 250	5 250
Dettes à long terme	2 680 *	3 350	2 680 *
Effets à payer	1 120 *	1 120 *	1 120 *
Perte de change	− 1 050	− 720	− 750
PASSIF	8 000	9 000	9 800

Il apparaît nettement que les pertes de change sont très différentes selon les méthodes comptables adoptées.

De nombreuses sociétés ne se couvrent pas contre le risque de change de consolidation, considérant qu'il s'agit d'une simple position comptable. D'autres se couvrent en essayant d'équilibrer les postes au niveau du bilan. Selon les méthodes de comptabilisation adoptées, on essaiera de diminuer le fonds de roulement (méthode du fonds de roulement) si la devise étrangère est appelée à se déprécier, ou à s'endetter davantage lorsqu'on utilise la méthode monétaire si l'on anticipe une dépréciation de la devise.

C. Le risque de change économique

Les sociétés doivent prendre conscience des conséquences à moyen et long terme des fluctuations économiques sur leur activité. Si les coûts de production s'accroissent, une société peut voir sa part de marché diminuer. Il en est de même si les importations d'un produit concurrent augmentent. La comptabilité ne peut indiquer l'importance des pertes qui en découlent. Cependant, les sociétés doivent prévoir ce risque et prendre des mesures adéquates.

SECTION 2 • LES RISQUES DES OPÉRATIONS DE CHANGE POUR LES BANQUES

> La gestion du risque de change d'une banque concerne ses activités de cambisme, ou commerce de devises, et de gestion de risque des clients ainsi que ses propres risques de bilan et d'exploitation.

On peut classer ces risques en cinq catégories :
– le risque de change,
– le risque de crédit,
– le risque de liquidité,
– le risque de base,
– et le risque opérationnel.

I - LE RISQUE DE CHANGE

Toute banque qui a une position longue dans une devise court un risque de perte si cette devise se déprécie. Toute banque qui a une position courte dans une devise court un risque de perte si cette devise s'apprécie.

Même si une banque a un bilan équilibré en devises, elle n'est pas à l'abri du risque de change si les maturités des postes en devises à l'actif et au passif sont différentes.

Lorsque les cambistes prennent une position sur une devise, c'est parce qu'ils pensent qu'elle va évoluer en leur faveur. Mais la devise peut varier de façon adverse et ce mouvement entraînera alors une perte. De plus, comme la position doit être financée, cela entraîne un risque de taux. Si, par exemple, la position est financée avec un emprunt qui doit être renégocié pendant la durée de la position, le cambiste est exposé au risque que les taux d'intérêt d'emprunt de la devise empruntée augmentent.

C'est pourquoi des limites sont imposées par les banques aussi bien sur la position globale que sur la position par devise. Ces limites dépendent de la situation financière de la banque et de l'appréciation du risque. De même, la position d'un cambiste doit être liquidée s'il a déjà subi un certain montant de pertes.

II - LE RISQUE DE CRÉDIT

Ce risque de crédit est le risque que la contrepartie fasse défaut. La défaillance de la contrepartie peut apparaître pendant le contrat ou à l'échéance. Ce risque peut être diminué en fixant des limites d'opérations par client, après une analyse de risque client, en établissant des clauses de résiliation des contrats si la notation d'une contrepartie baisse.

Le Comité de Bâle, qui regroupe les gouverneurs des banques centrales des pays du G10, a constaté que « l'accroissement de la complexité, de la diversité et du volume des produits dérivés pose des défis croissants pour la gestion des risques. Il prévoit

– un suivi des risques comprenant la mesure, la surveillance et le contrôle des risques en permanence ;

– des systèmes d'information de la direction précis et fiables ;

– une notification en temps opportun à la direction des procédures d'audit et de contrôle ».

La Banque des règlements internationaux préconise l'application de normes communes de capitaux propres aux risques du marché, y compris pour les positions sur instruments dérivés.

Il peut exister aussi un risque souverain (risque politique) si le gouvernement d'un pays, pour des raisons économiques ou politiques, intervient pour empêcher le paiement. C'est pourquoi des limites d'opérations par pays doivent aussi être fixées.

III - LE RISQUE DE LIQUIDITÉ

Ce risque est le risque de refinancement. Il peut arriver parce qu'un cambiste a placé des fonds pour une durée plus longue que la durée du prêt qui finance ce placement. Lors du refinancement, le taux d'intérêt peut augmenter et cela peut entraîner une perte. (Inversement, une baisse accroîtrait le profit du cambiste.)

IV - LE RISQUE DE BASE

Le risque de base concerne les banques qui opèrent sur les marchés de futures et qui encourent un risque du fait de la différence entre le cours du future et le cours comptant lors du dénouement du contrat de future.

V - LE RISQUE OPÉRATIONNEL

Ce risque est lié aux opérations de la banque. Celle-ci pourra les limiter en identifiant précisément les problèmes possibles : définition des responsabilités, des reportings, de la comptabilisation des opérations, etc.

La gestion de ces différentes sortes de risque relève de la division trésorerie de la banque.

SECTION 3 • LA NÉCESSITÉ DE LA COUVERTURE DU RISQUE DE CHANGE

La non-couverture du risque de change peut entraîner des pertes sensibles pour l'entreprise et même des difficultés sérieuses puisque, ainsi qu'on l'a vu précédemment, une variation de 2 à 3 % sur une devise peut se produire en un jour et effacer la totalité des gains escomptés sur un contrat.

Se couvrir contre le risque de change diminue la variabilité des cash flows et des résultats et, par là-même, le risque de l'entreprise.

Le principe de la couverture du risque de change est que l'entreprise ou l'institution financière qui se couvre compense par des gains sur un marché les pertes potentielles qu'elles subissent sur un autre marché.

L'acte de couverture est assez semblable à la technique de l'assurance pour se protéger contre une évolution défavorable de la devise.

Certaines techniques sont assez simples, comme celles utilisées sur les marchés des changes à terme ou les marchés de futures ; d'autres sont plus complexes, comme les options, les swaps et les options de swaps, qui sont étudiés plus loin.

Les méthodes de couverture varient selon les entreprises, selon leur taille et la nature de leur activité.

Certaines entreprises font preuve d'une extrême prudence et couvrent toutes leurs opérations en devises. D'autres ne couvrent que les opérations les plus risquées. Jusqu'en septembre 1992, les devises du SME étaient moins rigoureusement couvertes que le yen ou le dollar. Depuis, les entreprises couvrent de la même façon le dollar ou le mark, car les marges de fluctuation dans la plupart des entreprises sont inférieures aux marges très larges (+ ou – 15 %) du SME.

Certaines entreprises, comme GEC-ALSTHOM par exemple, tiennent une comptabilité en écus, ce qui élimine en grande partie les distorsions de change dans les comptes consolidés. Les appels d'offres sont libellés en plusieurs devises : pour le contrat du TGV coréen, l'offre a été faite en francs français pour la partie française et en dollars pour la partie coréenne.

Si une entreprise exportatrice anticipe une hausse de la devise dans laquelle sont libellées ses exportations, elle peut préférer une couverture par des options, qui lui permettront de bénéficier de cette évolution et qui cependant lui assurent un prix minimum de la devise dans le cas inverse. Si au contraire elle anticipe une évolution défavorable, elle préférera se couvrir sur le marché à terme. Inversement, si une entreprise importatrice anticipe une baisse de la devise dans laquelle sont libellées ses importations, elle préférera une couverture par des options, qui lui permettront de bénéficier de cette évolution et qui cependant lui assurent un prix maximum de la devise dans le cas inverse. Si au contraire elle anticipe une évolution défavorable, elle préférera se couvrir sur le marché à terme.

Le risque d'évolution défavorable des devises affecte aussi bien les entreprises que les banques et établissements financiers. La volatilité accrue des devises a augmenté l'importance de ce risque et a entraîné la création de nouveaux instruments financiers qui complètent les instruments traditionnels comme la couverture sur le marché des changes à terme. Les trésoriers disposent d'une large gamme d'instruments adaptés à la couverture, mais qui nécessitent souvent une gestion plus active.

DEUXIÈME PARTIE

Les marchés des changes traditionnels : marchés au comptant et à terme

Cette deuxième partie s'intéresse aux marchés traditionnels de devises les plus anciens et toujours très actifs : marché au comptant (Chapitre 4) et marché à terme (Chapitre 5). Au cours des dernières années, l'importance des transactions financières et commerciales s'est fortement développée du fait de la globalisation des marchés et les opérations cambiaires se sont intensifiées.

La volatilité des devises a rendu plus nécessaires les couvertures du risque de change sur les marchés à terme. La spéculation a aussi contribué à accroître l'activité sur les marchés.

CHAPITRE 4

Le marché des changes au comptant

Les transactions au comptant ou spot enregistrent les volumes les plus élevés sur les marchés des changes. Elles portent
– soit sur des billets et chèques de voyage,
– soit sur l'échange de monnaies scripturales représentées par des avoirs en compte bancaire. C'est cette dernière catégorie qui représente l'essentiel des transactions.

La plupart des opérations de change au comptant (environ 90 %) sont traitées pour le compte exclusif des banques. Le reste est traité pour la couverture des ordres de la clientèle de la banque, essentiellement les entreprises.

> Le marché des changes au comptant ou marché spot est le marché sur lequel l'échange des devises a lieu dans les 48 heures ouvrées. Ce marché fonctionne en continu, 24 heures sur 24.

Ainsi, une transaction au comptant effectuée le mardi sera dénouée le jeudi, à condition qu'il n'y ait pas de jours fériés entre le mardi et le jeudi. En effet, un certain temps est nécessaire pour exécuter les ordres de paiement et effectuer les opérations comptables en raison du décalage horaire.

Les transactions au comptant ne sont effectuées par les banques que si la couverture du compte est suffisante ou si le client bénéficie d'une ligne de crédit assez importante. Les risques pour les banques des opérations de change au comptant pour le compte de clients sont donc limités.

Au cours de ce chapitre seront étudiés successivement l'importance des marchés (Section 1), les participants au marché (Section 2), les différentes cotations (Section 3), les cours croisés comptant (Section 4), le mécanisme des opérations comptant pour les entreprises (Section 5), l'évolution des cours comptant (Section 6), le taux de change nominal, réel et effectif (Section 7), la réalisation de l'équilibre sur les marchés comptant (Section 8).

SECTION 1 • L'IMPORTANCE DES MARCHÉS

La Banque des règlements internationaux (BRI) estimait le volume quotidien des transactions de change au comptant à 650 milliards de dollars, soit environ 48 % du total des transactions qui ont lieu sur les marchés des changes.

Tableau IV - 1
Transactions sur les marchés des changes au comptant
Moyenne quotidienne
en milliards de dollars

Pays	Volume
Grande-Bretagne	147,9
États-Unis	94,7
Japon	47,6
Singapour	37,2
Suisse	36,8
Hong Kong	31,7
Allemagne	29,6
France	17,7
Australie	12,5
Italie	10,7
Danemark	10,2
Canada	7,7
Suède	9,9
Pays-Bas	9,3
Espagne	6,3
Luxembourg	6,2
Belgique	5,3
Irlande	4,6
Autriche	3,8

Source : Banque des règlements internationaux, mars 1993.

La place de Londres est la première place mondiale, non seulement par le volume traité (300 milliards de dollars quotidiens), mais aussi par la diversité des devises traitées. Londres traite un grand nombre de devises alors que, sur la place de New York, les transactions concernent essentiellement (75 %) le dollar, le deutschemark, le yen, la livre et le franc suisse.

Parmi les changements récents observés sur les marchés des changes, on note la baisse relative des opérations sur dollars, une hausse des opérations sur marks et une part plus grande du marché détenue par les dix plus grands dealers interbancaires. De plus, la déréglementation des marchés a accéléré les transactions internationales.

Sur le marché de Paris, plus de la moitié des opérations de change sont des opérations au comptant.

SECTION 2 • LES PARTICIPANTS AU MARCHÉ AU COMPTANT

Les principaux participants au marché sont
- les banques commerciales,
- les courtiers de change,
- les banques centrales.

I - LES BANQUES COMMERCIALES

Les banques commerciales, habilitées à traiter des opérations de change pour leur propre compte ou pour le compte de leur clientèle, interviennent sur le marché par l'intermédiaire de leurs cambistes comptant. Les cambistes du comptant sont appelés les *forex dealers* (*foreign exchange dealers*).

Ces banques sont les intermédiaires entre les demandeurs et les offreurs de devises. La fonction des banques est de permettre à leurs clients de transformer une devise en une autre devise. Elles opèrent également sur ces marchés pour dégager un profit en spéculant ou en procédant à des arbitrages.

II - LES COURTIERS DE CHANGE

Les courtiers de change sont des spécialistes qui jouent le rôle d'intermédiaire entre les banques. Ils sont au nombre d'une vingtaine à Paris. Ils ne sont pas autorisés à prendre des positions de change. Ils doivent trouver un acheteur et un vendeur pour un même montant en devises déterminé. Leur rémunération est constituée par des commissions de courtage. Ils sont en liaison constante avec les banques et cherchent des contreparties.

III - LES BANQUES CENTRALES

Les banques centrales interviennent sur ces marchés pour réduire les fluctuations de la monnaie nationale et pour assurer un cours compatible avec l'économie nationale. Elles n'ont pas comme objectif de faire un profit, mais d'influencer la valeur de la monnaie nationale dans l'intérêt des citoyens ou dans le cadre d'accords conclus avec d'autres États.

En France, par exemple, la Banque de France intervient à un double titre :

– elle exécute les ordres de sa clientèle constituée par les administrations, les banques centrales étrangères et les organismes internationaux. La Banque de France est l'une des rares banques centrales à effectuer de nombreuses transactions commerciales ;

– elle intervient dans le cadre du système monétaire européen. Elle est tenue d'acheter ou de vendre des monnaies communautaires aux cours limites publiés dans le cadre du système monétaire européen. Elle intervient aussi en vue de la stabilité des taux de change dans le cadre des accords internationaux (Accords du Louvre en février 1987, etc.).

SECTION 3 • LA COTATION SUR LES MARCHÉS DES CHANGES AU COMPTANT

> Le cours de change est le prix d'une devise exprimé dans une autre devise. Chaque cotation met en jeu deux devises.

I - LE COURS ACHETEUR ET LE COURS VENDEUR

> Il y a toujours un cours acheteur (*bid*) et un cours vendeur (*ask* ou *offered*) cotés, ce qui est une originalité du marché des changes par rapport aux autres marchés.

Le cours acheteur est le cours auquel la banque est prête à acheter une devise. Le cours vendeur est le cours auquel la banque est prête à vendre une devise. La banque est *market maker*.

Il faut remarquer que, lorsque la banque vend du dollar contre franc, on peut dire aussi qu'elle achète du franc contre dollar.

Pour séparer le cours acheteur et le cours vendeur, on utilise un tiret ou un trait incliné entre les deux cotations et souvent, on indique après le trait seulement les chiffres qui ont changé par rapport au cours acheteur.

Si le dollar est coté 5,5604-54, cela signifie que la banque est disposée à acheter du dollar à 5,5604 et à le vendre à 5,5654. Les cambistes ne cotent pas le cours complet. Ils cotent les deux derniers chiffres du cours. Par exemple 04-54 pour le dollar, ces deux chiffres sont ceux qui varient le plus au cours de la journée. Dans la cotation 5,5604 le quatrième chiffre après la virgule (4) est appelé *point* ou *pip*. Si la cotation passe de 5,5604 à 5,5610, on dit qu'il y a une variation de 6 points.

Les banques achètent à un cours inférieur à celui auquel elles vendent la devise ; la différence entre les deux constitue la couverture des frais et le bénéfice de la banque.

Lorsqu'une entreprise veut acheter des devises à une banque, elle achète au cours *vendeur* de la banque et, inversement, lorsqu'elle veut vendre des devises à une banque, elle vend au cours *acheteur* de la banque.

Dans une cotation dollar/franc, par exemple, le cours acheteur du dollar est le cours vendeur du franc et le cours vendeur du dollar est le cours acheteur du franc.

Le tableau ci-dessous indique les cours acheteur et vendeur. Le cours acheteur est indiqué en premier.

Tableau IV-2

	Cours acheteur	Cours vendeur
USD/FRF	5,5604	5,5654
DEM/FRF	3,4057	3,4068

II - LA COTATION DANS LES JOURNAUX FINANCIERS

Les journaux économiques et financiers publient chaque jour les cours des devises relevés à une certaine heure.

Ces cotations concernent des transactions qui ont eu lieu sur le marché interbancaire et portent sur des montants de l'ordre de 3 à 5 millions de dollars. Elles sont données avec quatre chiffres après la virgule. Ce ne sont pas les cours pratiqués pour les entreprises. Pour celles-ci, le cours demandé ou offert se rapprochera plus ou moins de ces cours publiés qui concernent les transactions interbancaires selon l'importance de la transaction.

On prendra comme exemple les informations données par *Les Échos* et le *Financial Times*.

Tableau IV-3
Cotation des cours de change au comptant – *Les Échos*

3-11-94 Sys. Mon. européen	Cours pivot SME	Fixing indicatif pour		Variations par rapport à la veille (en %)	Moyenne du mois précédent	Moyenne de l'année précédente	Cours au guichet		Cours indicatif Banque de France
		Achat	Vente				Achat	Vente	
Deutsche Mark	335,386	342,48	343,12	+ 0	342,3045	342,5368	329	353	342,73
Franc belge	16,2608	16,657	16,685	– 0,006	16,6352	16,3923	16,05	17,15	16,6635
Florin	297,661	305,67	306,23	+ 0,0982	305,5535	304,9289	293	315	305,75
Lire italienne		0,3341	0,3349	+ 0,1049	0,3361	0,3603	0,31	0,357	0,334
Livre irlandaise	808,63	830,7	832,3	+ 0,3625	825,8575	829,7613	790	865	830,7
Cour. danoise	87,9257	87,67	87,83	+ 0,714	87,4555	87,3861	82,5	90,8	87,53
Peseta	4,2391	4,1144	4,1236	+ 0,073	4,1191	4,462	3,85	4,45	4,1135
Livre sterling		839,8	841,6	+ 0,2327	835,515	850,6429	795	880	841,8
Escudo	3,3906	3,3379	3,3471	– 0,0748	3,3503	3,5293	2,95	3,62	3,355
ECU	682,216	652,1	653,3	– 0,0307	652,845	662,1569			652,8
Autres devises									
Dollar US		517,9	519,1	+ 1,1919	520,5925	566,6343	490	550	519,4
Drachme		2,217	2,225	– 0,1801	2,2342	2,4707	2	2,55	2,224
Franc suisse		409,22	409,98	– 0,5106	411,6015	383,6252	397	421	411,34
Cour. suédoise		70,965	71,135	+ 0	71,691	72,7546	66	76	71,33
Cour. norvégienne		78,47	78,63	+ 0,1915	78,6225	79,824	73	82	78,61
Mark finlandais		111,37	111,63	+ 0,1349	111,282	99,0762	106	117	111,73
Sch. autrichien		48,76	48,84	+ 0,2055	48,6356	48,6851	47,1	50,2	48,688
Dollar canadien		382,18	383,02	+ 1,2719	385,597	439,1681	350	410	382,31
Yen		5,3042	5,3118	– 0,1788	5,2837	5,1186	5,1	5,45	5,3152

Fixing indicatif achat/vente à 13 h 30 communiqué par la BFCE.

Source : Les Échos, 3 novembre 1994.

Les Échos donnent les cours au comptant en distinguant entre les monnaies appartenant au système monétaire européen et les autres devises.

Pour les devises appartenant au SME, sont indiqués successivement
– d'abord les cours pivot,
– le fixing indicatif du jour communiqué par la BFCE, cours acheteur et cours vendeur,
– les variations par rapport à la veille, en pourcentage,
– la moyenne du mois précédent et de l'année précédente,
– les cours au guichet. Il est évident que, pour ces cours, le *spread* ou écart entre cours acheteur et vendeur est beaucoup plus important que celui des cours interbancaires et que le cours acheteur est beaucoup plus faible et le cours vendeur beaucoup plus élevé. Ces opérations sont des opérations de change manuel,
– les cours indicatifs de la Banque de France.

Ensuite, les mêmes informations sont données pour d'autres grandes devises.

Le *Financial Times* donne la valeur de la livre sterling et celle du dollar par rapport à différentes devises sur le marché interbancaire (Tableau IV-4). Il indique le cours de clôture (*closing mid-point*), la variation du jour, la fourchette cours acheteur et cours vendeur (*bid-offer spread*) et le cours le plus haut et le plus bas de la journée.

Tableau IV-4
Cotation des cours de change au comptant – *Financial Times*

Nov. 16	Closing mid-point	Change on day	Bid/offer spread	Day's mid high	low
Europe					
Austria	10.9205	+ 0.042	180 – 230	10.9745	10.9180
Belgium	31.9195	+ 0.1195	050 – 340	32.0600	31.9050
Denmark	6.0648	+ 0.0233	620 – 675	6.0919	6.0620
Finland	4.7295	+ 0.0325	245 – 345	4.7735	4.7010
France	5.3265	+ 0.0161	260 – 270	5.3510	5.3260
Germany	1.5510	– 0.0056	505 – 515	1.5600	1.5505
Greece	238.850	+ 0.65	700 – 000	239.750	238.700
Ireland	1.5446	– 0.0089	441 – 451	1.5486	1.5366
Italy	1588.25	+ 3.75	800 – 850	1594.00	1588.00
Luxembourg	31.9195	+ 0.1195	050 – 340	32.0600	31.9050
Netherlands	1.7395	+ 0.0068	390 – 400	1.7475	1.7390
Norway	6.7873	+ 0.0233	863 – 883	6.8204	6.7559
Portugal	158.300	+ 0.62	000 – 400	159.020	158.200
Spain	129.140	+ 0.565	110 – 170	129.580	129.110
Sweden	7.3538	+ 0.0332	488 – 588	7.4200	7.3457
Switzerland	1.3048	+ 0.0053	044 – 051	1.3130	1.3044
UK	1.5713	– 0.0113	710 – 716	1.5755	1.5636
Ecu	1.2280	– 0.005	275 – 285	1.2285	1.2225
SDR	1.46969				

Source : *Financial Times*, 17 novembre 1994.

Pour les transactions de faible importance, les cours pratiqués sont différents : plus élevé pour le cours vendeur et plus faible pour le cours acheteur, c'est-à-dire que le *spread* est plus important.

Dans certains pays, en Allemagne et en Grèce, il existe une cotation officielle, le *fixing*, ou fixage, qui correspond à une cotation à une heure déterminée de la journée[1].

Cependant, la Banque de France publie chaque jour ouvrable une indication des cours établie sur la base des cours échangés entre banques centrales à 14 heures 15, et qui servent à déterminer le cours de l'écu officiel. Elle comporte pour chaque devise un seul prix contre francs, sans marge acheteur ou vendeur de façon à souligner son seul caractère indicatif.

---
1. Le fixing a été supprimé le 27 juin 1992 en France.

Le *Wall Street Journal* donne les cotations des cours vendeurs sur le marché interbancaire pour des montants minimum de 1 million à 3 heures de l'après midi. Les cours à l'incertain et au certain sont indiqués pour les deux derniers jours de cotation.

III - L'IMPORTANCE DU *SPREAD*

La différence entre le cours vendeur et le cours acheteur représente le *spread*. Ce *spread* ou fourchette est différent selon les devises concernées et il varie selon l'état du marché. Lorsque le marché est très liquide, le *spread* a tendance à diminuer et inversement.

On l'exprime généralement en pourcentage par le ratio suivant

$$\frac{\text{Cours vendeur} - \text{Cours acheteur}}{\text{Cours vendeur}} \times 100.$$

Par exemple, si la cotation du dollar est 5,5400/5,5450, le *spread* est de :

$$\frac{5,5450 - 5,5400}{5,5450} \times 100 = 0,09\ \%.$$

Les devises les moins traitées ont les *spreads* les plus élevés. De même, les devises les plus volatiles.

IV - LE MONTANT DES TRANSACTIONS

Le montant moyen des transactions sur le marché spot est de 5 millions de dollars ou l'équivalent dans une autre devise.

V - LA COTATION À L'INCERTAIN ET AU CERTAIN

On distingue deux types de cotation :
- la cotation à l'incertain,
- la cotation au certain.

A. La cotation à l'incertain ou cotation directe (*direct quote*)

La cotation est dite à l'incertain lorsque le cours indique l'équivalent en monnaie nationale d'une unité de devise étrangère. Par exemple, en France, un cambiste annonce les prix du dollar en francs (USD/FRF = 6,0008), du deutschemark en francs (DEM/FRF = 3,3850) ; aux États-Unis, un franc est coté 0,1667 dollar.

> Dans la pratique, toutes les devises sont cotées contre dollar. Le dollar est appelé devise directrice. Ce mode de cotation est appelé aussi cotation à l'européenne.
> Au sein du système monétaire européen, les devises européennes sont cotées contre marks, c'est-à-dire que le mark joue le rôle de devise directrice. L'écu est coté au certain (XEU/FRF = 6,7200).

Ce mode de cotation est utilisé dans tous les pays à l'exception du Royaume-Uni, de l'Irlande, de l'Australie et de la Nouvelle-Zélande.

B. La cotation au certain (*indirect quote*)

La cotation est dite au certain lorsqu'une unité de monnaie nationale est cotée en devises étrangères. Par exemple, au Royaume-Uni, la cotation est exprimée par rapport à la livre sterling :

$$GBP/FRF = 9,8000.$$

Cette méthode de cotation est utilisée au Royaume-Uni, en Irlande, Australie et Nouvelle-Zélande.

Aux États-Unis, la cotation est à l'incertain à l'intérieur des États-Unis et au certain lorsqu'il s'agit de relations avec l'étranger[2].

On passe facilement de la cotation à l'incertain à la cotation au certain en prenant l'inverse. Le cours acheteur est alors l'inverse du cours vendeur et le cours vendeur est l'inverse du cours acheteur. Par exemple, si l'on a les cotations suivantes :

$$GBP/FRF = 9,0000 - 9,0100,$$

le cours exprimé selon la cotation directe devient :

$$FRF/GBP = 0,11099 - 0,11111,$$

c'est-à-dire que le cours acheteur est égal à 1/9,0100 et le cours vendeur à 1/9,0000.

Le cours vendeur doit toujours être plus élevé que le cours acheteur pour que la banque fasse un bénéfice.

SECTION 4 • LES COURS CROISÉS (*CROSS RATES*) COMPTANT

> Toutes les cotations qui mettent en jeu deux devises dont l'une n'est pas le dollar américain nécessitent le calcul d'un cours croisé.

Un importateur français doit régler une facture en dollars canadiens. Son opération va consister à acheter du dollar canadien contre francs fran-

---

[2]. La cotation à l'américaine exprime le prix d'une unité de devises étrangères en dollars. Elle est utilisée aux États-Unis sur les marchés de détail. Elle est aussi utilisée sur les marchés dérivés de futures et d'options de devises à Chicago et Philadelphie.

çais. La banque, pour lui donner un cours CAD/FRF, doit appeler les cotations USD/CAD et USD/ FRF, c'est-à-dire que la banque va devoir acheter le dollar canadien contre dollar américain et vendre le franc français contre dollars canadiens. Si les cotations sont les suivantes :

$$USD/CAD : 1,3333 - 63$$

$$USD/FRF : 5,1950 - 2\,000$$

La banque vend le USD/CAD au cours le plus bas (cours acheteur) et elle achète le USD/FRF au plus haut (cours vendeur). Donc le cours vendeur de la banque sera

$$\frac{USD/FRF}{USD/CAD} = \frac{5,2000}{1,3333}.$$

$$CAD/FRF = 3,9001$$

Graphique IV-1
Calcul d'un cours croisé

Cours acheteur → Cours vendeur

Cours acheteur → Cours vendeur

Tableau IV-5
Cours de change comptant croisé
Les Échos

3-11-94	FF	USD	DEM	CHF	GBP	ITL (par 100)	BEF	NLG	ESP (par 100)	JPY (par 100)
FRF	1	0,193	0,292	0,243	0,119	2,994	6,001	0,327	0,243	0,188
USD	5,194	1	1,515	1,263	0,617	15,551	31,17	1,699	1,263	0,977
DEM	3,427	0,66	1	0,833	0,407	10,261	20,568	1,121	0,833	0,645
CHF	4,113	0,792	1,2	1	0,489	12,316	24,685	1,345	1	0,774
GBP	8,418	1,621	2,456	2,046	1	25,204	50,518	2,753	2,046	0,584
ITL (100)	0,334	0,064	0,097	0,081	0,04	1	2,004	0,109	0,081	0,063
BEF	0,167	0,032	0,049	0,041	0,02	0,499	1	0,055	0,041	0,031
NLG	3,057	0,589	0,892	0,743	0,363	9,154	18,348	1	0,743	0,575
ESP (100)	4,114	0,792	1,2	1	0,489	12,316	24,686	1,345	1	0,774
JPY (100)	5,315	1,023	1,551	1,292	0,631	15,914	31,897	1,738	1,292	1

Source : *Les Échos*, 3 novembre 1994.

SECTION 5 • LE MÉCANISME DES OPÉRATIONS COMPTANT POUR LES ENTREPRISES

En France, l'exécution des ordres des clients peut se faire de trois façons :
– Le client peut décider d'effectuer la transaction sur la base du cours communiqué par la banque lors de son appel. Les opérations se déroulent ainsi : l'importateur, qui a besoin d'acheter 2 000 000 de dollars pour régler son fournisseur américain, téléphone à sa banque et demande une cotation pour acheter des dollars. Après avoir reçu la cotation de la banque, l'importateur indique à la banque son compte bancaire à débiter à Paris en francs français et le compte bancaire de son fournisseur américain à créditer en dollars. La quasi-totalité des opérations de change se traduisent par des virements de compte à compte (change scriptural).
– Le client peut laisser à la banque l'initiative pour le choix de la transmission de l'ordre.
– Il peut quelquefois, avec l'autorisation de l'agence, accéder directement au service de la banque qui assure le traitement des ordres en continu. Par exemple, la Société Générale a un service Sogémarchés qui assure une liaison entre les agences du réseau de la banque et la salle de marchés.
– Certaines banques commerciales envisagent de proposer une ou plusieurs séances de fixage pendant la journée en concentrant sur le marché des ordres à une heure fixée à l'avance et en les exécutant ensemble au même cours.

SECTION 6 • L'ÉVOLUTION DES COURS COMPTANT

I - L'ÉVOLUTION DU COURS DE CHANGE NOMINAL

On calcule le taux d'accroissement du cours de change comptant de la façon suivante :
• *Si la cotation est à l'incertain*, le pourcentage d'accroissement du cours comptant est :

$$\text{Accroissement en \%} = \frac{\text{Cours N} - \text{Cours N} - 1}{\text{Cours N} - 1}.$$

Par exemple, si le cours du dollar est passé de 5,7500 à 6,0000, le pourcentage d'accroissement est :

$$\frac{6,0000 - 5,7500}{5,7500} = 4,35 \text{ \%}.$$

- *Si la cotation est au certain,* le pourcentage d'accroissement du cours comptant est :

$$\text{Accroissement en \%} = \frac{\text{Cours N} - 1 - \text{Cours N}}{\text{Cours N}}.$$

En reprenant les cotations précédentes, si le cours du FRF/USD passe de 0,1739 à 0,1666, la baisse est égale à :

$$\frac{0,1666 - 0,1739}{0,1739} = -4,19 \ \%.$$

II - L'ÉVOLUTION DU COURS DE CHANGE RÉEL

Le cours de change nominal peut s'apprécier ou se déprécier, mais cela n'indique pas si le pays est plus ou moins compétitif sur les marchés internationaux. Pour cela, il faut calculer le cours réel de la devise. On prend d'abord une année de base.

Le cours de change réel (CR) est le cours obtenu en tenant compte des évolutions de prix dans les deux pays pendant la période considérée. Si un cours de change réel s'est apprécié plus que ne le justifie le différentiel de taux d'inflation des deux pays, on considère que le cours de la devise est surévalué (*cf.* calcul du cours de change réel dans le chapitre 11, Section 1, § 4). L'indice Morgan Guaranty, indice de change réel, est publié régulièrement pour plusieurs devises.

Un accroissement du cours de change réel représente un accroissement du pouvoir d'achat. Au contraire, une diminution du cours de change réel représente une baisse du pouvoir d'achat.

Une variation de cours nominaux n'altère pas automatiquement les positions concurrentielles des entreprises si les taux d'inflation des pays concernés compensent ces variations. Au contraire, une variation de cours de change réel a un impact important sur les positions concurrentielles.

La connaissance des cours réels et de leur évolution est importante pour la politique économique du gouvernement. On fait souvent figurer sur le même graphique les évolutions de cours nominaux et les cours de change réels.

SECTION 7 • L'ÉQUILIBRE SUR LES MARCHÉS DES CHANGES AU COMPTANT

Dans les opérations interbancaires, les cambistes indiquent un cours vendeur et un cours acheteur sans savoir si la contrepartie souhaite acheter ou vendre des devises. C'est pourquoi il importe d'offrir de bonnes cotations.

Quand il existe des différences entre les cours comptant dans deux banques, les arbitragistes peuvent agir de façon à tirer profit sans risque des différences. Les arbitrages permettent de rétablir l'équilibre sur les marchés.

Cependant, comme de nouvelles offres et de nouvelles demandes arrivent constamment sur le marché, cet équilibre est sans arrêt remis en cause. Les décisions de la Réserve fédérale américaine (*Federal Reserve*), par exemple, sont suivies attentivement par les cambistes, car elles sont susceptibles d'influencer la valeur du dollar.

Sur le marché des changes au comptant, il y a deux sortes d'arbitrage possibles :
– l'arbitrage géographique,
– l'arbitrage triangulaire.

I - L'ARBITRAGE GÉOGRAPHIQUE

L'arbitrage géographique consiste à acheter là où la devise est la moins chère et à revendre là où elle est la plus chère de façon à dégager un bénéfice sans risque.

Pour qu'il y ait possibilité d'arbitrage, il suffit que, dans les cotations de deux banques pour la même devise, il apparaisse que le cours vendeur d'une banque soit inférieur au cours acheteur d'une autre banque (Tableau IV-6).

Tableau IV-6
Cotations des banques A et B

	Cours acheteur	Cours vendeur
Banque A	5,9375	5,9575
Banque B	5,9585	5,9600

Un arbitragiste qui disposerait de 5 000 000 de dollars peut acheter des francs français au cours le plus bas (5,9575) et les vendre contre dollars au cours le plus élevé (5,9585).

Il obtient :
$$\frac{5\,000\,000 \times 5,9585}{5,9575} = 5\,000\,839 \text{ USD}.$$

Le gain net de l'opération s'établit pour le cambiste à 839 USD.

II - L'ARBITRAGE TRIANGULAIRE

L'arbitrage triangulaire met en jeu trois devises. Il peut être réalisé lorsqu'il y a distorsion entre les cours croisés de devises.

Si l'on a les cotations suivantes :
USD/GBP : 0,6750,
GBP/ FRF : 8,9510,
USD/ FRF : 6,0515,
le cours croisé USD/FRF est égal à :

$$0{,}6750 \times 8{,}9510 = 6{,}0419.$$

Le cours croisé étant différent du cours coté USD/ FRF, un arbitrage est possible.

Un arbitragiste qui disposerait d'un million de dollars pourrait procéder aux opérations suivantes :
– changer ses dollars en francs :

$$1\ 000\ 000 \times 6{,}0515 = 6\ 051\ 500 \text{ FRF},$$

– changer ses francs contre GBP :

$$\frac{6\ 051\ 500}{8{,}9510} = 676\ 070 \text{ GBP},$$

– changer ses GBP contre dollars :

$$\frac{676\ 070}{0{,}675} = 1\ 001\ 584 \text{ USD}.$$

Le résultat de l'opération est un gain de 1 584 dollars. (On n'a pas tenu compte des coûts de transaction.)

Les arbitrages sur le marché continuent tant qu'il existe des différences sensibles entre les cours cotés et les cours croisés. Ces arbitrages permettent de rétablir l'équilibre sur les marchés.

Le marché des changes au comptant est très important, mais son taux de croissance est plus faible que celui des marchés de produits dérivés. La partie la plus importante des opérations au comptant est effectuée avec d'autres cambistes, ou d'autres institutions financières comme les maisons de titres, les fonds de pension, les sociétés d'assurance, les sociétés de leasing, soit dans le même pays, soit à l'étranger. Le reste est effectué avec les clients particuliers locaux ou étrangers. Récemment, le Chicago Mercantile Exchange (CME) et le Singapore Mercantile Exchange (SIMEX) ont institué des contrats sur devises, contrat *rolling spot*, qui sont assez semblables aux transactions au comptant sur les marchés de gré à gré.

CHAPITRE 5

Le marché des changes à terme

Le marché des changes à terme ou marché *forward* est, comme le marché au comptant, un marché non localisé. Il permet de fixer immédiatement le cours auquel s'échangeront des devises livrées à une date future.

Cet échange a lieu dans un délai supérieur à 48 heures ouvrées et pouvant atteindre plusieurs mois, voire exceptionnellement cinq années pour certaines devises comme le dollar ou le mark.

> Les marchés des changes à terme (*forward market*) n'existent que pour les devises les plus utilisées en commerce international : dollar américain, livre sterling, deutschemark, franc français, franc suisse, franc belge, florin, lire, dollar canadien, yen, etc.

Il n'existe pratiquement pas de marchés des changes à terme pour les devises des pays en développement.

Au cours de ce chapitre sont examinés l'importance des marchés à terme (Section 1), qui comprend le marché à terme sec et le marché des swaps de devises, les différents participants (Section 2), les cotations sur ces marchés (Section 3), les taux de report et de déport (Section 4), les cours croisés à terme (Section 5), la formation des cours à terme (Section 6), la couverture sur le marché des changes à terme (Section 7) et l'intérêt de ces marchés (Section 8).

SECTION 1 • L'IMPORTANCE DES MARCHÉS À TERME

Les marchés à terme comprennent deux compartiments distincts :
– le marché à terme sec (*outright forward*) ;
– le marché de swaps.

Il existe aussi des accords de cours de change futurs (*exchange rate agreement*), qui constituent une variante des swaps de devises.

I - Le marché à terme sec (*OUTRIGHT FORWARD*)

Le marché à terme sec ressemble au marché spot, à la différence du délai de livraison qui est supérieur à 48 heures ouvrées. Une grande partie des opérations est effectuée avec des clients, qui tentent de se couvrir contre les risques de change découlant d'opérations commerciales.

Tableau V-1
Transactions sur les marchés à terme sec
Moyenne quotidienne
en millions de dollars

Pays	Volume
Grande-Bretagne	19 883,7
États-Unis	13 627,7
Japon	9 377,9
Singapour	3 119,3
Suisse	5 999,0
Hong Kong	1 845,4
Allemagne	3 061,5
France	1 324,4
Australie	1 202,2
Italie	692,2
Danemark	2 014,1
Canada	840,0
Suède	1 714,2
Pays-Bas	1 645,8
Luxembourg	954,4
Belgique	638,6
Espagne	634,5
Portugal	27,9

Source : Banque des règlements internationaux, mars 1993.

Les opérations à terme sur le marché de Paris représentent 42,3 % du total des opérations sur le marché des changes.

II - Le marché des swaps de devises

Le marché des swaps est le marché le plus important après le marché comptant et celui qui a la croissance la plus rapide. Les swaps sont constitués de deux opérations séparées (emprunt et prêt).

LE MARCHÉ DES CHANGES À TERME

Un swap de trésorerie ou swap de change permet d'emprunter pour une courte durée une devise et de prêter une autre devise pour un montant équivalent et pour la même durée.

De nombreuses transactions à terme sur le marché interbancaire impliquent des swaps de change ou swaps cambistes (Tableau V-2). Leur durée est de deux ans maximum.

Les swaps permettent de se couvrir contre les risques de change.

Tableau V-2
Transactions sur les marchés des swaps
en millions de dollars

Pays	Volume
Grande-Bretagne	122 670,5
États-Unis	58 613,1
Japon	63 089,0
Singapour	33 254,0
Suisse	22 694,6
Hong Kong	26 757,3
Allemagne	22 326,8
France	14 273,2
Australie	15 154,3
Italie	4 014,9
Danemark	14 254,9
Canada	13 392,8
Suède	9 542,0
Pays-Bas	8 558,3
Luxembourg	6 033,8
Belgique	9 747,4
Espagne	5 376,6
Portugal	98,4

Source : Banque des règlements internationaux, mars 1993.

Le dollar occupe une place importante sur le marché des swaps. Il intervient dans 95 % des opérations.

SECTION 2 • LES PARTICIPANTS AUX MARCHÉS DES CHANGES À TERME

Sur ce marché, interviennent des banques, des arbitragistes, des spéculateurs (*traders*), des courtiers de change, des opérateurs en couverture ou *hedgers*.

I - Les banques commerciales

Les banques commerciales, par l'intermédiaire de leurs cambistes « dépôts », vont sur ce marché soit pour couvrir les ordres de leurs clients, soit pour placer leur trésorerie devises ou francs. Les arbitragistes cherchent à obtenir un profit sans risque de différences entre les marchés de taux d'intérêt et les marchés de changes.

– Les *traders* ou spéculateurs s'exposent au risque de change dans l'espoir de tirer profit des fluctuations de cours dans le cas où leurs anticipations s'avèrent bonnes.

II - Les courtiers de change

Les courtiers de change rapprochent les offres et les demandes de devises comme sur les marchés au comptant.

III - Les hedgers ou opérateurs en couverture

Les opérateurs en couverture sont des entreprises ou des institutions financières qui veulent se couvrir contre le risque de change.

SECTION 3 • LES COTATIONS SUR LE MARCHÉ DES CHANGES À TERME

Plusieurs échéances sont cotées : 1 mois, 3 mois, 6 mois, 1 an. Les échéances habituelles sont la fin de mois. Des échéances différentes peuvent être cotées par les banques sur demande.

I - La cotation en valeur (*outright rate*)

La cotation à terme peut être indiquée complètement pour le cours acheteur et le cours vendeur. C'est la cotation donnée aux clients des banques (Tableau V-3).

Tableau V-3
Cotation des cours à terme en valeur

	Cours acheteur	Cours vendeur	*Spread* en points
Cours comptant	5,5875	5,5925	50
Report 3 mois	0,0795	0,0830	35
Cours à terme	5,6750	5,6755	85

Si le cours à terme est supérieur au cours comptant, la devise étrangère est dite en *report* par rapport à la monnaie nationale.
Si le cours à terme est inférieur au cours comptant, la devise étrangère est dite en *déport* par rapport à la monnaie nationale.

Si la cotation du dollar 3 mois, en report par rapport au franc, est celle indiquée dans le tableau V-3, la banque communiquera au client les cotations à terme suivantes :
5,6750 – 5,6755 ou 5,6750/5.

On remarque que le *spread* sur les cours à terme est plus large (85) que le *spread* sur les cours comptant (50).
Le *spread* sur les marchés à terme dépend
– du volume des transactions : il est plus important pour les devises les moins traitées ;
– de l'importance des fluctuations (volatilité) des devises ;
– ainsi que de la durée du contrat.
La cotation en valeur est donnée dans le *Wall Street Journal* pour 30 jour, 90 jours, 180 jours, etc. (Tableau V-4).

Tableau V-4
Cours à terme en valeur – *Wall Street Journal*

Country	U.S. $ esquiv.		Currency per U.S. $	
	Wed.	Tues.	Wed.	Tues.
Britain (Pound)	1.5715	1.5725	.6363	.6359
30-Day Forward	1.5708	1.5718	.6366	.6362
90-Day Forward	1.5703	1.5713	.6368	.6364
180-Day Forward	1.5682	1.5692	.6377	.6373
Canada (Dollar)	.7321	.7332	1.3660	1.3638
30-Day Forward	.7321	.7332	1.3660	1.3638
90-Day Forward	.7324	.7336	1.3653	1.3631
180-Day Forward	.7318	.7330	1.3665	1.3643
France (Franc)	.18781	.18746	5.3245	5.3345
30-Day Forward	1.8779	.18743	5.3252	5.3352
90-Day Forward	.18789	.18754	5.3222	5.3322
180-Day Forward	.18806	.18771	5.3174	5.3274
Germany (Mark)	.6449	.6433	1.5507	1.5545
30-Day Forward	.6450	.6434	1.5504	1.5542
90-Day Forward	.6459	.6443	1.5483	1.5521
180-Day Forward	.6474	.6458	1.5447	1.5485
Japan (Yen)	.010163	.010132	98.40	98.70
30-Day Forward	.010187	.010156	98.16	98.46
90-Day Forward	.010251	.010220	97.55	97.85
180-Day Forward	.10344	.10312	96.67	96.97

Source : *Wall Street Journal*, 17 novembre 1994.

II - LA COTATION EN POINTS

Sur le marché interbancaire, les cambistes cotent en termes de points. La cotation en points est égale à la différence entre le cours à terme et le cours comptant.

Comme les devises sont généralement cotées avec quatre chiffres après la virgule, un point représente 0,0001 (0,01 %) d'une unité pour la plupart des devises.

Par exemple, la différence entre 5,5925 et 5,5875 est de 0,0050, c'est-à-dire de 50 points.

Le tableau V-5 donne les cotations complètes du cours comptant et des cours à terme des principales devises contre franc français.

Tableau V-5
Cours à terme
Les Échos

3-11-94 à 16 h	100 USD	100 DEM	100 CHF	100 GBP	1 000 ITL	100 BEF	100 NLG	10 000 JPY	100 ESP
Comptant									
Achat	519,08	342,73	409,58	841,55	3,34	16,66	305,7	530,39	4,11
Vente	519,58	342,83	409,78	842,55	3,34	16,67	305,9	531,47	4,12
À 1 mois									
Achat	0,08	0,09	0,49	− 0,3	− 0,01	0,01	0,07	1,33	− 0,01
Vente	0,2	0,16	0,58	− 0,1	− 0,01	− 0,01	0,13	1,44	− 0,01
À 3 mois									
Achat	− 0,25	0,16	1,49	− 1	− 0,03	0,01	0,2	4,21	− 0,03
Vente	0,08	0,49	1,75	− 0,5	− 0,03	0,02	0,39	4,55	− 0,02
À 6 mois									
Achat	− 0,8	0,85	3,06	− 3	− 0,06	0,02	0,57	8,66	− 0,05
Vente	− 0,15	1,49	3,57	− 1,95	− 0,05	0,04	0,95	9,33	− 0,05
À 1 an									
Achat	− 1,85	1,85	6,2	− 8,15	− 0,12	0,02	1,47	18	− 0,12
Vente	− 0,63	2,68	7,2	− 6,15	− 0,11	0,06	2,2	19,36	− 0,1

Source : BFCF – Décitel, *in Les Échos, 5 novembre 1994*.

La cotation en points indique le nombre de points à ajouter (report ou *premium*) ou à retrancher (déport ou *discount*) au cours comptant pour obtenir le cours à terme.

Le premier chiffre indique le nombre de points à ajouter dans le cas de report (ou à retrancher dans le cas de déport) au cours acheteur. Le deuxième chiffre indique le nombre de points à ajouter (ou retrancher) au cours vendeur.

On obtient les cours à terme
- en ajoutant les points positifs appelés points de report au cours comptant,
- en retranchant les points négatifs appelés points de déport au cours comptant.

Un cambiste sait facilement s'il s'agit d'un déport ou d'un report. On peut exprimer les cotations ainsi : 795/830. Le cambiste qui achète les dollars à terme sait qu'il doit payer 0,0795 franc de prime et s'il vend les dollars à terme, la prime est de 0,0830 franc.

Le cours acheteur doit toujours être inférieur au cours vendeur. En cas de report, le nombre de points est plus faible du côté acheteur que du côté vendeur et inversement, en cas de déport, le nombre de points est plus élevé du côté acheteur que du côté vendeur.

Ces points sont également appelés points ou taux de swap (*swap rate*).

III - LES SWAPS INTERBANCAIRES OU SWAPS DE TRÉSORERIE

De nombreuses transactions à terme sur le marché interbancaire impliquent des swaps de change.

Cela permet d'emprunter pour une courte durée une devise et de prêter une autre devise pour un montant équivalent et pour la même durée. La durée de ces swaps est de deux ans maximum.

• *Les swaps classiques ou swaps comptant contre terme*
Un swap classique consiste en l'achat au comptant de devises et une vente de devises à terme (même montant).

• *Les swaps terme contre terme (swaps forward-forward)*
Ils consistent en deux opérations à terme : par exemple, achat à terme 3 mois USD/FRF et vente à 6 mois USD/FRF ou inversement. Ils permettent de se couvrir contre un risque de change pour une période future.

Si les cours comptant et les points de swap sont :
USD/FRF : 6,0525 – 6,0575,
3 mois : 675 – 863,
6 mois : 913 – 1 103,
le taux de swap terme contre terme USD / FRF revient à
$$913 - 863 = 50.$$

• *Les accords de cours de change futurs*
Ces accords sont des swaps dans lesquels il n'y a pas d'échange du principal, et qui sont effectués sur la base d'une opération terme contre terme. Ce sont des contrats à terme sur taux de swap. Ils permettent de se prémunir contre une variation défavorable de taux futur du swap.

• *Les swaps* tom-next
Ces swaps sont des swaps dont la durée va du lendemain (*to morrow*) au jour suivant (*next*). Le taux de ces swaps correspond également au différentiel de taux d'intérêts.

SECTION 4 • LA FORMATION DES COURS À TERME

Le marché à terme des devises lie les marchés des changes et les marchés monétaires. Les arbitrages qui ont lieu entre ces marchés diminuent les écarts qui peuvent se produire.

I - Première méthode : calcul direct du cours à terme

Pour déterminer les cours acheteur et vendeur à terme, il faut connaître les cours comptant et les taux d'intérêt. Le cours à terme est basé sur le cours comptant et le différentiel des taux d'intérêt entre les deux devises (*cf.* plus loin la théorie de la parité des taux d'intérêt).

Si une devise A a un taux d'intérêt plus élevé qu'une devise B, la devise A sera c otée en déport par rapport à la devise B, ou inversement la devise B sera en report par rapport à la devise A.

Supposons les données suivantes :

	Taux emprunteur	Taux prêteur
Taux USD 1 an	4 %	4 $\frac{1}{4}$ %
Taux FRF 1 an	5 $\frac{1}{2}$ %	5 $\frac{3}{4}$ %

Cours comptant USD/FRF : 5,2550 – 5,2600.

Les opérations pourraient se dérouler ainsi, pour calculer le cours vendeur ou le cours acheteur :

• *Calcul du cours acheteur dollar franc de la banque*

Supposons que la banque s'engage à acheter 1 000 000 de dollars contre francs français.

– Pour couvrir ses risques, la banque emprunte des dollars au taux prêteur de façon à avoir 1 000 000 de dollars à rembourser dans un an (capital et intérêts). Elle doit donc emprunter la valeur actuelle de 1 000 000 de dollars, soit

$$1\ 000\ 000/(1 + 4,25\ \%) = 959\ 232,61\ \text{USD}.$$

– La banque transforme ces dollars en francs français au cours comptant 5,2550. Elle obtient :

$$959\ 232,61 \times 5,2550 = 5\ 040\ 767\ \text{FRF}.$$

– La banque place ces francs sur le marché français pour un an (taux emprunteur) :

$$5\ 040\ 767\ \text{FRF}\ (1 + 5,5\ \%) = 5\ 318\ 009\ \text{FRF}.$$

– Dans un an, la banque donnera 5 318 009 FRF en échange de 1 000 000 de dollars, c'est-à-dire que le cours acheteur à terme sera :

$$\text{USD/ FRF} : 5,3180.$$

LE MARCHÉ DES CHANGES À TERME

- *Calcul du cours vendeur dollar /franc français*

Supposons que la banque s'engage à vendre 1 000 000 de dollars contre francs français.

– Pour couvrir ses risques, la banque emprunte des francs français au taux prêteur qu'elle transformera en dollars, au cours comptant et qui devront lui permettre d'obtenir 1 000 000 de dollars dans un an.

– Le montant en dollars devra s'élever à :

$$1\ 000\ 000/1{,}04 = 961\ 538{,}46\ \text{USD}.$$

– La somme en francs français devra s'élever à :

$$5{,}2600 \times 961\ 538{,}46 = 5\ 057\ 692\ \text{FRF}.$$

– Dans un an, le placement de cette somme donnera :

$$5\ 057\ 692\ \text{FRF} \times (1 + 0{,}0575) = 5\ 348\ 509\ \text{FRF}.$$

Le cours vendeur à un an sera donc :

$$\text{USD/FRF} = 5{,}3485.$$

II - Deuxième méthode : calcul du report et du déport

Le report ou le déport reflètent la différence de taux d'intérêt. On calcule directement le report et le déport à partir du cours comptant et de la différence des taux d'intérêt. Une cotation en points de swaps est équivalente à une différence de taux. Il s'agit de report si le taux de swap est positif et de déport si le taux de swap est négatif.

- *Calcul du report pour le cours acheteur*

Si l'on désigne par CCa le cours comptant acheteur, le report (ou déport) sur le cours acheteur, ou taux de swap est donné par la formule suivante :

$$\text{Report} = \frac{\text{CCa} \times (\text{Taux emprunteur FRF} - \text{Taux prêteur USD}) \times J/360}{36\ 000 + (\text{Taux prêteur USD} \times J)}.$$

En reprenant les données de l'exemple précédent, le taux de swap se calcule ainsi :

$$\text{Taux swap (achat)} = \frac{5{,}2550 \times (5{,}50 - 4{,}25) \times 360}{36\ 000 + (4{,}25 \times 360)} = 0{,}0630,$$

soit 630 points.

- *Calcul du report pour le cours vendeur un an*

Si l'on désigne par CCv le cours comptant vendeur, le report sur le cours vendeur est donné par la formule suivante :

$$\text{Taux swap (vente)} = \frac{\text{CCv} \times (\text{Taux prêteur FRF} - \text{Taux emprunteur USD}) \times J}{36\ 000 + (\text{Taux emprunteur dollar} \times 360)}.$$

En reprenant les données de l'exemple précédent,

$$\text{Taux swap (vente)} = \frac{5{,}2600\ (53/4 - 4) \times 360}{36\ 000 + (4 \times 360)} = 0{,}0885.$$

On peut exprimer en points de swaps la cotation :
cours comptant USD/FRF : 5,2550 – 5,2600 ;
cours à terme USD/FRF : 5,3180 – 5,3485 ;
points de swap : 630 – 885.

III - Autres méthodes

Il existe d'autres méthodes plus complexes qui aboutissent à des résultats plus précis, dans lesquels on tient compte de la couverture du risque de change des intérêts, alors que dans les méthodes précédentes, on convertit les intérêts perçus à l'échéance sur la base du cours comptant.

Les méthodes complexes sont utilisées lorsque le différentiel de taux est important et pour des périodes longues.

Ainsi, avec les données précédentes, on procéderait au calcul suivant :

- *Calcul du cours vendeur*

(Taux prêteur FRF x CC – Taux emprunteur USD x CT) x 91/360.

- *On peut aussi procéder à un calcul rapide, sans actualisation*
– Pour le cours acheteur :

$$\text{Report (ou Déport)} = CC\,(T_{ed} - T_p\,ED) \times J/360.$$

– Pour le cours vendeur :

$$\text{Report (ou Déport)} = CC\,(T_{pd} - T_e\,ED) \times J/360.$$

CC : cours comptant
Tpd : taux d'intérêt prêteur domestique
Te ED : taux d'intérêt emprunteur de l'euro-dollar
J : nombre de jours avant l'échéance.

SECTION 5 • LES TAUX DE REPORT ET DE DÉPORT

La différence entre le cours à terme et le cours comptant est souvent indiquée en pourcentage.

Ce pourcentage est appelé taux de report ou de déport.

$$\text{Taux de report ou de déport} = \frac{\text{Cours à terme} - \text{Cours comptant}}{\text{Cours comptant}}.$$

On calcule généralement le taux de report ou de déport annualisé :

$$\text{Taux de report (déport) annualisé} = \text{Taux de report (déport)} \times \frac{12}{N}.$$

N est exprimé en mois et correspond à la période pour laquelle a été calculé le taux de report (déport).

Si l'on a les cours suivants :
cours comptant USD/ FRF : 5,2610 ;
cours à terme 6 mois USD/ FRF : 5,2873 ;
le taux de report 6 mois est :

$$\frac{5{,}2873 - 5{,}2610}{5{,}2610} = 0{,}0050,$$

soit 0,50 %.
le taux de report annualisé est :

$$\frac{0{,}0050 \times 360}{180} = 0{,}0100.$$

soit 1,00 %.

SECTION 6 • LES COURS CROISÉS À TERME

On calcule les cours croisés à terme de la même façon que les cours croisés comptant.

Supposons que l'on ait les cours à terme suivants pour l'USD/ FRF et l'USD/ DEM. On voudrait connaître les cours à terme DEM/FRF proposés par la banque.

USD/ DEM 3 mois : 1, 6500 – 1,6540,
USD/ FRF 3 mois   : 5, 6150 – 5,6223.

La banque va procéder de la façon suivante :

Elle vend les deutschemarks à terme contre dollars — ou les dollars sont achetés contre deutschemarks au cours vendeur 3 mois (1,6540) — et achète simultanément à terme les francs français, c'est-à-dire vend les dollars contre francs français 3 mois au cours acheteur à terme (5,6150).

On obtient ainsi le cours croisé acheteur à terme en faisant le rapport entre le cours acheteur USD/FRF et le cours vendeur USD/DEM :

5,6150/1,6540 = 3,3948.

Le cours croisé vendeur à terme DEM/ FRF sera égal à :

5,6223/1,6500 = 3,4074.

Les cours à terme seront donc :

DEM/FRF : 3,3948 – 3,4074.

SECTION 7 • LA COUVERTURE SUR LE MARCHÉ DES CHANGES À TERME

Les marchés des changes permettent la couverture
– des opérations de commerce international,
– des opérations financières.

Les entreprises aussi bien que les banques sont confrontées à des risques. Les entreprises viennent sur ces marchés pour se couvrir contre le risque de change. Les banques effectuent sur ces marchés des opérations comportant des risques.

I - Couverture du risque de change des entreprises

A. Couverture d'une importation sur le marché des changes à terme

Pour se couvrir contre la hausse éventuelle du cours de la devise dans laquelle est libellée sa dette, l'importateur pourrait acheter immédiatement sur le marché au comptant les devises et les conserver jusqu'à l'échéance. Mais cela signifie qu'il devrait prélever sur sa trésorerie francs et ce prélèvement a un coût. L'achat à terme permet à l'importateur, sans avoir à opérer un décaissement initial, de fixer le prix de la devise et par là-même le prix des marchandises importées, quelle que soit l'évolution ultérieure de la devise étrangère.

L'achat à terme élimine le risque de change de l'importateur, puisque la dette en devises étrangères est couverte par une créance en devises sur la banque.

Exemple

Un importateur français a acheté pour 1 000 000 de dollars de marchandises, payables à trois mois, à un fournisseur américain.

Les cours sur le marché sont :

cours comptant USD/FRF : 5,4500 ;

cours 3 mois USD/FRF : 5,5250.

Le dollar cote un report par rapport au franc. Si l'importateur se couvre sur le marché des changes à terme, il achètera à terme auprès de sa banque 1 000 000 de dollars et s'engage à payer dans 3 mois 5 525 000 francs français, quel que soit le cours comptant du dollar dans trois mois.

En se couvrant sur le marché à terme, l'entreprise dans cet exemple a payé le montant du report, c'est-à-dire qu'elle a payé le dollar plus cher à terme que si elle l'avait acheté au comptant. La couverture a entraîné un coût.

Si, au contraire, la devise était en déport par rapport à la monnaie nationale, l'entreprise paierait à terme moins que si elle avait payé au comptant. Dans ce cas, il y a un gain pour l'entreprise.

B. Couverture d'une exportation sur le marché des changes à terme

• *Couverture pour une date déterminée*

L'exportateur se couvre contre le risque de baisse de la devise dans laquelle est libellée sa créance en vendant à terme à la banque cette créance.

> La vente à terme élimine le risque de change de l'exportateur, puisque la créance en devises étrangères est couverte par une dette en devises étrangères d'un même montant et pour la même date sur la banque.

Exemple

La société française Latouche a vendu pour 2 500 000 dollars de marchandises, payables à six mois, à son client américain Watson.

Les cours sur le marché sont
cours comptant USD/FRF : 5,4500 ;
cours 6 mois USD/FRF : 5,5000.

Le dollar cote un report par rapport au franc. Si la société Latouche se couvre sur le marché des changes à terme, elle vendra à terme auprès de sa banque 2 500 000 dollars et la banque s'engage à lui payer dans six mois 13 750 000 FRF, quel que soit le cours comptant du dollar dans six mois.

Comme le dollar est coté en report par rapport au franc, l'entreprise exportatrice Latouche bénéficie du report, puisqu'elle touchera dans six mois plus que ce qu'elle aurait perçu en étant payée au comptant.

Si la devise était en déport, la couverture aurait entraîné un coût pour l'entreprise.

Pour de nombreuses devises, il est difficile d'obtenir des couvertures pour des durées supérieures à un an, mais il est possible de renouveler les contrats régulièrement à la fin de chaque année de façon à couvrir la totalité de la position ; on ne connaît alors que le coût de la couverture pour la première période.

- *Couverture d'un règlement (ou d'un paiement) certain pour une date imprécise*

Lorsque la date du règlement est approximative, l'entreprise peut recourir à un swap *forward-forward*. De toutes façons, l'entreprise se couvre sur le marché des changes à terme pour la date de paiement (ou de règlement) en devises qui lui paraît la plus probable, et lorsque, plus tard, elle connaît la date exacte, elle procède à un swap *forward-forward*. Le swap implique l'achat et la vente des devises pour des maturités différentes. Si, par exemple, la date de paiement (ou de règlement) en devises est plus proche, l'entreprise qui avait acheté (ou vendu) des devises à terme vendra (ou achètera) ces devises à ce terme (en compensant ainsi son premier contrat) pour les racheter (ou les vendre) au terme plus rapproché. Le taux de ce swap est fonction des nouveaux taux d'intérêt sur les devises à cette date.

Dans certains cas, la banque peut aussi ajuster le contrat initial à la date nouvelle, moyennant le versement d'une somme comparable au taux de swap.

II - Couverture du risque des opérations à terme des banques

Les banques subissent le risque de fluctuation des cours et le risque que le contrat ne soit pas honoré. Elles établissent les cours à terme en fonction de la perte ou du gain d'intérêt.

Pour éviter le risque de non-paiement à l'échéance, les banques demandent souvent au client de verser un montant compensatoire ou d'avoir une ligne de crédit correspondant au montant de l'opération.

La banque peut déjà marier les ordres de sens inverse portant sur le même montant et portant sur la même durée. Cependant, il est rare de pouvoir effectuer ces transactions et, généralement, les banques seront amenées à couvrir par des transactions au comptant le risque de change des opérations de la clientèle.

La banque qui s'est engagée à acheter à terme un certain montant de devises étrangères et qui a une position longue future en devises étrangères peut couvrir sa position longue en devises en s'endettant pour la même durée en devises.

Inversement, une banque qui s'est engagée à vendre à terme un certain montant de devises étrangères et qui a une position courte future en devises étrangères peut couvrir sa position courte en devises en s'endettant pour la même durée en monnaie domestique.

Les accords de cours de change futurs permettent également aux établissements financiers de se couvrir contre la hausse des taux de swaps.

La couverture des engagements à terme de la banque par des achats et des ventes de devises au comptant modifie la composition de sa trésorerie devises et francs. Cela a une incidence sur la rémunération attendue des placements de la banque.

Les prêts et les emprunts sont effectués
– sur le marché monétaire national, pour la devise domestique,
– sur le marché des euro-devises pour les devises étrangères.

Dans la pratique, les banques n'effectuent pas les emprunts et les prêts, qui entraîneraient une croissance des bilans. Elles recourent généralement à des swaps.

III - L'intérêt des swaps de trésorerie

Les swaps permettent à la banque de réduire le risque de change. Cela résulte du fait que, lorsqu'une devise change de valeur, les cours comptant et les cours à terme s'ajustent de façon à respecter la parité des taux d'intérêt.

Les swaps de trésorerie permettent de modifier la durée d'une opération à terme.

– Par exemple, il est possible de prolonger la durée d'une transaction à terme en revendant avant l'exécution de l'opération initiale la devise achetée à terme et en concluant une transaction inverse à terme avec une échéance plus lointaine. C'est l'opération terme contre terme.

– On peut réduire la durée d'une transaction à terme en rachetant avant l'exécution de l'opération initiale la devise vendue à terme et en concluant une transaction inverse à terme avec une échéance plus proche.

Si une devise A est cotée avec un report par rapport à une devise B, le prêteur de la devise en report (l'emprunteur de la monnaie en déport) doit payer le report.
Si une monnaie A est cotée avec un déport par rapport à une monnaie B, le prêteur de la devise en déport (l'emprunteur de la monnaie en report) touche le déport.

SECTION 8 • LES INTÉRÊTS DES MARCHÉS DES CHANGES À TERME

Ces marchés présentent plusieurs intérêts :
– Ils fournissent en quelque sorte un crédit pour les opérations internationales aux entreprises qui peuvent acheter et payer à terme.
– Ils permettent de se couvrir contre le risque de change en fixant dès le moment du contrat le prix de la devise pour une date future.

L'importateur, par exemple, se prémunit contre une hausse des cours en fixant définitivement la contrevaleur en monnaie nationale d'une dette en devise étrangère, payable dans le futur.

L'exportateur, par exemple, se prémunit contre une baisse des cours en fixant définitivement la contrevaleur en monnaie nationale d'une créance en devise étrangère, exigible dans le futur. Il peut ainsi effectuer son calcul de coûts à partir de données certaines.

Ces marchés permettent aux banques de réaliser des opérations de swaps interbancaires, c'est-à-dire des achats au comptant avec simultanément une vente à terme ou inversement. Ils fournissent une information sur les prix futurs en reflétant les anticipations des opérateurs. Ils peuvent être utilisés dans un but spéculatif, pour profiter d'une variation des cours. Ces opérations de spéculation sont interdites dans certains pays.

Cependant les opérations à terme présentent quelques limites : le contrat à terme étant ferme, il n'est pas possible d'y renoncer. Il faudra l'exécuter quelles que soient les évolutions des monnaies. Si, par exemple, le client étranger ne paie pas sa facture au jour convenu, l'entreprise exportatrice devra proroger sa couverture jusqu'à une nouvelle date ultérieure. C'est à dire qu'il faudra liquider le premier contrat au cours à terme défini et passer un nouveau contrat à terme pour la nouvelle échéance. Ces opérations peuvent se solder par une perte ou un gain selon l'évolution de la devise concernée. De plus, le marché à terme ne peut être utilisé pour les opérations comme les appels d'offre, car l'entreprise ne sait pas si son appel d'offre sera retenu ou non.

TROISIÈME PARTIE

Les marchés dérivés de devises

LES MARCHÉS DÉRIVÉS DE DEVISES

Les marchés dérivés de devises sont des marchés dont les produits ont une valeur étroitement liée aux fluctuations de produits d'autres marchés, c'est pourquoi on parle de marchés et de produits « dérivés ». Les produits sous-jacents sont ici les devises. Ces marchés se sont beaucoup développé au cours des dernières années et leur activité est soutenue par de nombreux facteurs comme la mondialisation de l'investissement, le développement de nouveaux marchés, de nouveaux produits, de nouveaux utilisateurs, la titrisation, l'instabilité des taux et des devises, etc.

Les produits dérivés permettent
– la couverture de risques et le transfert de risque entre deux contreparties,
– l'accès plus facile à un financement à meilleur coût,
– la spéculation.

Le Chicago Board of Trade (CBOT) et le Chicago Mercantile Exchange (CME) sont les deux plus importantes Bourses de futures du monde et le Chicago Board Options Exchange (CBOE) la plus grande Bourse d'options.

De nouveaux marchés de produits dérivés se sont ouverts dans le monde depuis : le LIFFE à Londres, le MATIF à Paris, le SIMEX à Singapour, le TIFFEX à Tokyo, le DTB à Francfort, etc.

Le chapitre 6 est consacré aux marchés de contrats à terme ou futures de devises. Le chapitre 7 étudie les marchés de gré à gré d'options de devises. Sur ces marchés, la taille et les termes du contrat sont négociés selon les besoins des entreprises. Les marchés organisés d'options de devises sur lesquels les contrats d'options sont standardisés font l'objet du chapitre 8. Ces marchés ne permettent pas les couvertures à long terme pour lesquelles il faudra recourir aux marchés de contrats d'échanges de devises, exposés dans le chapitre 9.

Ces marchés sont appelés à se développer pour plusieurs raisons. Les coûts de négociation sur ces produits sont plus faibles que sur les produits dont ils sont dérivés : actions, obligations, devises, marchandises, etc. Il existe maintenant des modèles d'évaluation de ces produits.

La multiplication des produits dérivés a permis de mieux gérer les risques de marché. Cependant, les opérations de hors-bilan ne sont pas encore recensées de façon satisfaisante par les statistiques des capitaux et les transactions interbancaires sur instruments dérivés sont surveillées attentivement par les banques centrales.

Les risques sont parfois difficiles à évaluer : risque qui découle de la volatilité des marchés sous-jacents, risque de crédit, risque d'illiquidité notamment pour les produits à long terme, etc. Le Groupe des Trente, qui réunit les patrons de grands établissements financiers de différents pays, avait demandé à des experts de réaliser un audit sur les marchés de gré à gré de produits dérivés. Ceux-ci ont conclu que la taille de ces marchés reste modeste par rapport aux marchés des changes, mais ils ont émis un certain nombre de recommandations, car ces produits peuvent entraîner des pertes significatives pour les établissements. Les recommandations concernent notamment la nécessité d'effectuer des simulations pour évaluer les risques encourus en période de crise et concernent également l'importance d'une bonne compréhension de ces outils par les services de direction. Les pertes qui ont été subies par des entreprises sur ces marchés ont été dues soit à une stratégie de couverture incorrecte, soit à un mécanisme inadéquat de contrôle interne, soit à une pure spéculation, soit encore à une mauvaise appréciation des conséquences fiscales. Le problème qui reste encore entier est celui de la différence des règles de comptabilisation dans les différents pays.

CHAPITRE 6

Les marchés de futures de devises

Les futures de devises ont été lancés en mai 1972, sur l'International Money Market (IMM) à Chicago. Ils ont été les premiers futures financiers et se sont développés après l'échec du système de Bretton Woods, avec l'instauration de cours de change flottants, etc. Ils s'inspirent de principes et pratiques développés depuis longtemps sur les marchés de marchandises et qui permettaient de se couvrir contre les variations de cours. Le Chicago Board of Trade (CBOT), établi en 1848, était spécialisé dans les contrats de céréales. Le Chicago Mercantile Exchange (CME) commença avec des contrats de beurre et d'œufs.

D'autres futures de devises sont ensuite apparus à Philadelphie, sur le Philadelphia Board of Trade (PBOT), à Londres, sur le London International Financial Futures Exchange (LIFFE), à Singapour, sur le Singapore International Monetary Exchange (SIMEX), à New York, sur le NYFE (New York Futures Exchange), à Tokyo sur le Tokyo International Financial Futures Exchange (TIFFE), à Sydney, en Australie, sur le SFE, Sydney Futures Exchange, à Stokholm, etc.

Dans ce chapitre sont étudiés successivement l'importance des marchés de futures de devises (Section 1), les participants à ces marchés (Section 2), les caractéristiques des futures de devises (Section 3), le fonctionnement des marchés (Section 4), la couverture sur ces marchés (Section 5), la relation entre le prix des futures et le cours comptant des devises (Section 6). La section suivante (Section 7) est consacrée à la comparaison entre les marchés de futures et les marchés des changes à terme et la dernière section (Section 8) indique les possibilités de spéculation sur les marchés de futures de devises.

SECTION 1 • L'IMPORTANCE DES MARCHÉS DE FUTURES DE DEVISES

Le volume traité sur le marché des futures de devises est beaucoup moins important que sur le marché des changes à terme. Il est cependant très important aux États-Unis et à Londres (Tableau VI-1), et en croissance très forte.

Tableau VI-1
Volume des transactions sur les marchés de futures de devises
Moyenne quotidienne
(en millions de dollars)

Pays	Volume
Grande-Bretagne	2 892,5
États-Unis	5 988,4
Japon	14,3
Singapour	2,3
Suisse	18,4
Hong Kong	0,1
Allemagne	—
France	2,0
Australie	191,3
Italie	—
Danemark	—
Canada	170,6
Suède	0,2
Pays-Bas	138,2
Luxembourg	8,6
Belgique	9,0
Espagne	22,6
Portugal	—

Source : Banque des règlements internationaux, mars 1993.

SECTION 2 • LES PARTICIPANTS AUX MARCHÉS DE FUTURES DE DEVISES

On distingue trois sortes de participants sur les marchés :
– les *floor traders* qui interviennent pour leur propre compte sur le marché. Ce sont des spéculateurs qui opèrent avec des horizons très

courts. Certains d'entre eux représentent des banques ou des institutions qui utilisent les futures comme complément de leurs opérations à terme ou pour arbitrer entre le marché à terme et le marché des futures. Ils jouent un rôle important, car ils permettent au marché d'être plus liquide ;

– les *floor brokers*, qui représentent les firmes de courtage, agissent pour le compte de leurs clients et sont rémunérés par une commission ;

– les *brokers-traders* qui agissent pour leur propre compte ou pour le compte de leurs clients.

Les entreprises passent par l'intermédiaire des brokers pour intervenir sur les marchés de futures et cherchent généralement à se couvrir contre le risque de change. On les appelle des *hedgers* ou opérateurs en couverture. Ce sont des exportateurs ou des importateurs qui ont passé des contrats en devises étrangères, ou des entreprises qui ont des emprunts ou des prêts en devises étrangères.

Les banques et institutions financières qui créent des instruments financiers sont actives sur ces marchés.

SECTION 3 • LES CARACTÉRISTIQUES DES FUTURES DE DEVISES

> Un contrat de future de devises est un engagement de livrer ou de prendre livraison d'un montant donné de devises à une date future spécifiée, mais à un prix déterminé au jour du contrat.

Comme sur le marché des changes à terme, il y a un contrat passé à une date et l'exécution du contrat a lieu à une date ultérieure déterminée. Mais certaines caractéristiques rendent les contrats de futures différents des contrats à terme sur les marchés des changes à terme.

Dans la presque totalité des cas (plus de 95 %), les contrats ne donnent pas lieu à livraison effective de devises, car ils sont dénoués par une opération inverse. Au contraire, sur le marché des changes à terme, les contrats sont conservés généralement jusqu'à la fin et donnent lieu à livraison.

Plusieurs marchés de futures existent, sur lesquels les caractéristiques des contrats varient.

Le tableau VI-2 regroupe les différentes caractéristiques de quelques futures de devises sur le Chicago Mercantile Exchange, sur le New York Exchange et sur le LIFFE. Le future de FRF, qui avait été abandonné en 1990, car trop peu négocié, a été réintroduit en 1993 sur le CME, après l'élargissement des marges de fluctuation du SME.

Tableau VI-2
Les différentes caractéristiques des futures de devises

	Taille du contrat	Variation minimale	
Chicago Mercantile Exchange (CME)			
Dollar australien (AD)	100 000 AD	0,0001	$/£
Livre britannique (BP)	62 500 BP	0,0005	$/BP
Dollar canadien (CD)	100 000 CD	0,0001	$/CD
Franc français (FR)	500 000 FR	0,00002	$/FR
Yen japonais (JY)	12 500 000 JY	0,000001	$/JY
Florin néerlandais (DG)	125 000 DG	0,0001	$/DG
Franc suisse (SF)	125 000 SF	0,0001	$/SF
Deutschemark (DM)	125 000 DM	0,0001	$/DM
Écu (ECU)	125 000 ECU	0,0001	$/ECU
London International Financial Futures Exchange (LIFFE)			
Deutschemark (DM)	125 000 DM	0,0001	$/DM
Franc suisse	125 000 SF	0,0001	$/SF
Livre sterling	25 000 £	0,0001	$/£
Yen	12 500 000 JPY	0,0001	$/JY
Deutschemark /dollar	50 000 $	0,0001	DM/$
New York Exchange			
ECU	125 000 ECU	0,0001	$/ECU

Source : Chicago Mercantile Exchange, New York Exchange,
London International Financial Futures Exchange.

Depuis 1991, des contrats portant sur deux autres devises que le dollar ont été introduits sur l'IMM : des contrats yens/deutschemarks et deutschemarks/ livres, etc.

I - LE LIEU DE NÉGOCIATION

Les futures de devises sont négociés sur des marchés organisés : le Chicago Board of Trade, le Philadelphia Board of Trade (PBOT), le NYFFE à New York, le LIFFE à Londres, le TIFFE à Tokyo, le SIMEX à Singapour, etc. Les ordres passent par un membre du marché.

Au contraire, ainsi qu'on l'a indiqué précédemment, les marchés des changes à terme ne sont pas localisés et les transactions se font par téléphone ou télex entre les banques et les courtiers.

Pendant les heures d'ouverture du marché, les transactions ont lieu sur le *floor* (Figure VI-1)

Figure VI-1
Organisation des transactions sur les marchés de futures

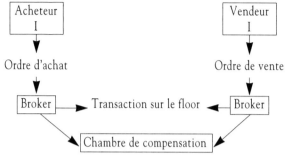

En dehors des heures d'ouverture, les négociations peuvent avoir lieu grâce à un système électronique Globex, qui relie les marchés de Chicago, de Paris, etc. Le système Globex fonctionne de la façon suivante : les ordres d'achat et de vente sont entrés dans le système. Ils sont appariés et confirmés électroniquement, les participants aux marchés sont informés de la quantité et des prix de la négociation. La vérification de la négociation est envoyée à la Chambre de compensation. Les comptes des acheteurs et des vendeurs sont ajustés. Le temps d'exécution sur Globex est de l'ordre de trois secondes.

II - LES CONTRATS DE FUTURES DE DEVISES

Sur les marchés de futures, les contrats sont standardisés. Les variations minimales de prix (appelées *tick*) sont définies (Tableau VI-2) de même que les mouvements maximaux de prix.

Sur les marchés à terme, au contraire, les montants des transactions, les dates, etc., sont négociés avec les clients.

III - LES DEVISES TRAITÉES

Les devises négociées sont moins nombreuses que sur les marchés à terme. On trouve le deutschemark, le yen, la livre, le franc suisse, le franc français, le dollar canadien, le dollar australien, l'Écu, etc. La devise de base est généralement le dollar. Les contrats les plus traités sont le contrat deutschemark/dollar (42 %), le contrat yen/dollar (30 %) et le contrat livre/dollar (10 %).

IV - LA TAILLE DES CONTRATS

Les contrats sont standardisés (Tableau VI-2) : le future DEM est de 125 000 DEM, le future GBP est de 62 500 GBP, le future FRF est de 500 000 FRF, etc.

SECTION 4 • LE FONCTIONNEMENT DES MARCHÉS DE FUTURES DE DEVISES

I - Les différents types d'ordres et les commissions

Il y a deux types d'ordres :
– les ordres à cours limité (*limit order*). le client fixe un prix au broker et l'ordre ne peut être exécuté que si le marché atteint ce prix ou un prix plus intéressant ;
– les ordres au prix du marché (*market order*).

Les intervenants sur ces marchés paient des commissions à leurs brokers, à la différence des marchés des changes sur lesquels sont cotés un cours acheteur et un cours vendeur et sur lequel il n'y a pas de commission. Comme il y a, dans la plupart des cas, un achat et une vente ultérieure (ou l'inverse), les brokers ne prennent qu'une commission pour les deux opérations, appelées *round turn*.

II - La fluctuation minimale des prix

La variation minimale des prix (*tick*) est standardisée pour chaque contrat : elle est généralement de 0,01 cent par unité de devise (*cf.* Tableau VI-1), c'est-à-dire d'un point, sauf :
– pour le future franc français, pour lequel la variation minimale est de 0,02 cents c'est-à-dire 2 points,
– et pour le future livre sterling pour lequel elle est de 2 points.

La valeur d'un point se calcule à partir du montant du contrat. La valeur d'une fluctuation est de 10 USD pour les contrats de dollar australien et de francs français, de 12,50 USD pour les futures dollar canadien, deutschemark, yen japonais et franc suisse. Elle est de 6,25 USD pour la livre sterling.

Pour le future deutschemark, la valeur d'une fluctuation minimale est de 0,0001 :

$$125\ 000 \times 0,0001\ USD = 12,50\ USD.$$

Ainsi, si le future deutschemark passe de 0,6070 à 0,6080, la valeur du contrat passe de

$$125\ 000 \times 0,6070 = 75\ 875\ USD,$$

à

$$125\ 000 \times 0,6080 = 76\ 000\ USD,$$

soit une variation de 1 225 USD.

Pour le future de francs français, la valeur d'une fluctuation minimale est :

$$500\ 000 \times 0,00002\ USD = 10\ USD.$$

Ainsi, si le future franc passe de 0,2000 à 0,2050, la valeur du contrat passe de

$$500\ 000 \times 0{,}2000\ USD = 100\ 000\ USD$$

à

$$500\ 000 \times 0{,}2050 = 102\ 500\ USD,$$

soit une variation de 2 500 USD.

III - Les cotations

La cotation sur les marchés de futures de devises a repris celle des marchés de marchandises américains. Elle est faite à la criée, et reflète la valeur en dollars ou en cents d'une unité de devise étrangère, alors que sur le marché des changes, la cotation est faite à l'incertain (dollar contre devise étrangère).

Les futures sur le marché du Chicago Mercantile Exchange sont cotés en dollars. C'est aussi le cas des contrats du LIFFE, à l'exception du contrat de dollars (50 000 USD) coté en DEM.

À Philadelphie, les futures de devises sont cotés en cents américains.

Le prix du contrat reflète les anticipations des investisseurs et des spéculateurs sur les niveaux de taux d'intérêt et les cours aux environs de la date de livraison du contrat.

Il n'y a qu'un seul cours coté alors que, sur le marché des changes, il y a un cours acheteur et un cours vendeur. Il existe cependant une corrélation très étroite entre le cours à terme et le cours des futures.

Les cotations sont publiées dans les principaux journaux financiers. Le *Wall Street Journal*, par exemple, donne
 – le cours d'ouverture (*open*),
 – le cours le plus élevé (*high*) et le cours le plus bas du jour (*low*),
 – le cours de clôture (*settle*),
 – la variation entre le cours de clôture du jour et de la veille (*change*),
 – le cours le plus haut et le cours le plus bas depuis l'ouverture du contrat (*lifetime*) ainsi que le nombre de contrats ouverts (*open interest*) (Tableau VI-3).

L'*open interest* ou position de place qui figure au bas du tableau désigne la somme des contrats (achats et ventes) existant à cette date. En multipliant l'open interest par le montant unitaire du contrat, on se rend compte de la valeur boursière des contrats pour le mois correspondant. L'intérêt de ce chiffre est d'apprécier la possibilité de passer un ordre important sur le marché. Si l'ordre à passer représente un pourcentage faible de ce montant, cela signifie que l'ordre pourra être exécuté sans changement sensible de prix. L'open interest du jour peut être obtenu en additionnant les montants d'open interest indiqués dans la dernière colonne.

Le *trading volume* indique le nombre de contrats passés le jour indiqué.

Tableau VI-3
Cotations des futures de devises
Deutschemark (CME)
125 000 DEM, cotation DEM/USD

	Open	High	Low	Settle	Change	Lifetime High	Lifetime Low	Open Interest
Déc.	.6656	.6686	.6637	.6662 +	.0005	.6700	.5590	91,311
Mars 95	.6686	.6695	.6658	.6673 +	.0006	.6711	.5798	4,235
Juin	.6698	.6698	.6676	.6687 +	.0006	.6700	.5980	579
Sept.	...	...	...	.6701 +	.0007	.6605	.6290	110

Est vol 37,804 ; vol Tues 30,932 ; open int 96,235, + 1,078.

Source : Wall Street Journal, 26 octobre 1994.

Si un opérateur a acheté quatre contrats DEM septembre à un cours de 0,6300 USD et que le contrat est coté 0,6700 USD lors de la revente, son gain peut être calculé de deux façons :

– à partir du nombre de contrats, de la variation des cours et du montant du contrat :

$$4 \times (0,6700 \text{ USD} - 0,6300 \text{ USD}) \times 125\ 000 = 20\ 000 \text{ USD} ;$$

– à partir du nombre de contrats, du nombre de fluctuations minimales (*ticks*) et de la valeur de la fluctuation minimale :

$$4 \times 400 \text{ points} \times 12,50 \text{ USD} = 20\ 000 \text{ USD}.$$

Cette deuxième méthode est la plus rapide.

IV - La Chambre de compensation et les dépôts de garantie

La Chambre de compensation joue un rôle essentiel dans le mécanisme de compensation des Bourses. Sans la Chambre de compensation, les hedgers et les spéculateurs courraient le risque que l'un des participants au contrat ne veuille pas remplir ses engagements. Cela empêcherait le mécanisme de transfert des marchés de futures, rendant difficile la compensation des positions ouvertes.

Tous les contrats de futures sont des accords entre la Chambre de compensation et l'acheteur ou le vendeur. Elle représente la contrepartie de chaque acheteur et de chaque vendeur sur le marché et donc assure à ce titre la responsabilité de la garantie de chaque opération.

Ainsi, les acheteurs ou vendeurs n'ont pas à se préoccuper de la fiabilité de leur contrepartie.

Les Chambres de compensation sont responsables des comptes, de la compensation, de la réglementation des livraisons et de la collecte des données.

Les opérateurs sur ces marchés doivent verser deux types de dépôts à la Chambre de compensation pour participer à ces marchés de futures :

– un dépôt de garantie *initial* (*Initial Margin*), qui varie selon les contrats et la volatilité de la devise. Il est de l'ordre de 4 % du montant du contrat : sur l'IMM de Chicago, il est de 2 000 USD pour les contrats de yens, deutschemarks et francs suisses, de 1 500 USD pour le contrat de livres sterling, etc. Il peut être effectué sous forme de lettre de crédit d'une banque, de bons du Trésor, ou d'espèces ;

– des dépôts *supplémentaires* (*Variation Margin*) éventuellement, selon l'évolution des cours des contrats. Chaque jour, les positions sont calculées (*marked to market*). L'écart entre le montant de la position valorisé au dernier cours coté et celui de la veille donne lieu à des appels de dépôts supplémentaires.

Si la position ouverte fait apparaître une perte par rapport au cours de clôture du jour, un dépôt supplémentaire est demandé, égal au montant de la perte de ce jour, de façon que soit conservé le dépôt minimal de garantie.

Si la position ouverte fait apparaître un gain par rapport au cours de clôture du jour, un versement est effectué sur le compte de l'intervenant, égal au montant du gain de ce jour.

L'intervenant connaît ainsi chaque jour ses gains et ses pertes.

V - La date d'échéance et le dernier jour de transaction

Les deux parties sont obligées de dénouer leur position le jour de l'échéance du contrat, à moins que la position n'ait été débouclée avant.

Sur l'International Money Market de Chicago, les contrats viennent à échéance le troisième mercredi des mois de mars, juin, septembre et décembre. Si le contrat est revendu avant l'échéance, il ne donne pas lieu à livraison.

Les futures sont négociés jusqu'au deuxième jour ouvré avant le mercredi de leur date de maturité.

VI - Le règlement des opérations

La plupart des acheteurs et des vendeurs sur ce marché ferment leur position en compensant leur position initiale sur le marché par une position opposée : les acheteurs de contrats revendent leurs contrats et, inversement, les vendeurs de contrats rachètent leurs contrats. Le résultat sera soit un gain, soit une perte sur le marché. Moins de 5 % des contrats donnent lieu à livraison de devises.

Les futures de devises entraînent deux sortes de coût :
– les commissions ou coûts directs,
– les coûts indirects, engendrés par le versement du dépôt initial lors de l'achat ou de la vente du contrat ainsi que les dépôts additionnels en cas d'évolution défavorable du cours de la devise.

SECTION 5 • LA COUVERTURE SUR LES MARCHÉS DE FUTURES DE DEVISES

Le principe de fonctionnement du marché à terme est simple : deux parties qui veulent se couvrir contre des risques opposés ou anticipent des évolutions de marché différentes s'accordent pour échanger un certain montant de devises pour une date future à un prix convenu d'avance. Le prix de chaque contrat varie dans le même sens que le cours comptant des devises sous-jacentes. Donc, en prenant sur le marché des futures une position inverse de celle que l'on a au comptant, on se couvre contre le risque de fluctuation de cours de la devise.

> Sur ces marchés, les entreprises qui veulent se couvrir contre le risque de change compensent par des gains les pertes éventuelles qu'elles peuvent avoir sur le marché comptant et inversement. Pour cela, elles doivent prendre sur ces marchés des positions inverses de leur position comptant.

Comme les futures de devises n'existent que pour certaines devises, pour couvrir certaines opérations deutschemarks contre francs français par exemple, il faudra recourir à une couverture croisée.

I - Couverture d'une exportation

Un exportateur américain, Clanton, a vendu en mars année N à un client allemand Schmitt des marchandises pour un montant de 500 000 DEM. Il consent à son client un délai de règlement de six mois. Il veut se couvrir sur le marché des futures. On a les données suivantes :

cours comptant DEM/USD : 0,6024
cours terme 6 mois : 0,5878
cours future septembre : 0,5880

Comment l'exportateur américain doit-il procéder s'il veut se couvrir sur le marché des futures ?

Si l'on prend comme estimation du cours comptant futur le cours à terme, la valeur anticipée de ses recettes en dollars peut être estimée à

0,5878 × 500 000 = 293 900 USD.

L'exportateur américain Clanton est en position longue en deutschemarks. Pour se couvrir sur le marché des futures, il doit prendre une position courte, c'est-à-dire vendre des contrats de futures. Le nombre de contrats à vendre s'élève à

500 000/125 000 = 4 contrats.

À l'échéance, l'exportateur américain Clanton rachète les contrats vendus au cours du jour. Si le cours du contrat a diminué, il fait un bénéfice sur les contrats. Mais en même temps, lorsqu'il touche les deutschemarks, le cours du DEM aura baissé et le gain réalisé lors du rachat des contrats sera d'un montant à peu près identique à la perte d'opportunité. Ce gain compense la perte d'opportunité et ainsi, l'exportateur américain s'est couvert.

Il s'est assuré d'un cours du deutschemark à peu près égal à celui du future.

Le tableau VI-4 compare les opérations sur le marché comptant et sur le marché des futures de devises.

Tableau VI-4

Couverture sur le marché des futures de devises

Marché comptant	Marché des futures de devises
Mars	*Mars*
Valeur anticipée des recettes	Vente de 4 contrats septembre
0,5878 × 500 000 = 293 900 $	0,5880 × 4 × 125 000 = 294 000 $
Septembre	*Septembre*
Cours spot : DEM/USD = 0,5840	Cours future : DEM/USD = 0,5840
Valeur des recettes en $	Rachat des futures
0,5840 × 500 000 = 292 000 $	0,5840 × 4 × 125 000 = 292 000 $
Perte d'opportunité	Gain
293 900 $ − 292 000 $ = 1 900 $	294 000 $ − 292 000 $ = 2 000 $

II - Couverture d'une importation

Un importateur américain, Wilson, a négocié en juin un contrat d'achat de marchandises avec un client allemand. Le contrat s'élève à 500 000 deutschemarks, payables à trois mois. Il craint une appréciation du mark par rapport au dollar et veut se couvrir sur le marché des futures.

On a les données suivantes :
cours comptant USD/DEM   : 1,6735
cours terme 3 mois USD/ DEM : 1,6900
cours future juin DEM/ USD : 0,5915

Comment l'exportateur américain doit-il procéder ?

L'importateur américain Wilson est en position courte en DEM. Pour se couvrir sur le marché des futures, il doit prendre une position longue, c'est-à-dire acheter des contrats de futures. Le nombre de contrats à acheter s'élève à

$$500\ 000/125\ 000 = 4 \text{ contrats.}$$

Il devra les payer

$$4 \times 125\ 000 \times 0{,}5915 = 295\ 750 \text{ USD.}$$

À l'échéance, l'importateur américain revend les contrats achetés au cours du jour.

– Si le cours du contrat a augmenté et est passé à 0,5980, il fait un bénéfice sur les contrats :

$$(0{,}5980 - 0{,}5915) \times 4 \times 125\ 000 = 3\ 250 \text{ USD.}$$

Mais dans le même temps, lorsqu'il paie en DEM, le cours du DEM aura augmenté. Il devra verser davantage de dollars.

Le cours comptant du DEM sera proche du cours du future à l'échéance. Si le cours est de 1,6717, il paiera :

$$500\ 000/1{,}6717 = 299\ 096 \text{ USD.}$$

La perte d'opportunité sur le marché comptant est de

$$299\ 096 \text{ USD} - 295\ 750 \text{ USD} = 3\ 346 \text{ USD.}$$

Cette perte (3 346 USD) est d'un montant à peu près identique au gain sur le marché de futures (3 250 USD). Ce gain compense à peu près la perte d'opportunité et ainsi, l'importateur américain s'est couvert. Il s'est assuré d'un cours du DEM à peu près égal à celui du future.

– Si le cours du contrat a baissé, il fait une perte sur les contrats. Mais en même temps, lorsqu'il paie en DEM, le cours du DEM aura baissé et la perte subie lors de la vente des contrats sera d'un montant à peu près identique au gain d'opportunité. Cette perte compense le gain d'opportunité et ainsi, dans ce cas également, l'importateur américain s'est couvert.

SECTION 6 • LA RELATION ENTRE LE COURS COMPTANT ET LE PRIX DES FUTURES DE DEVISES

I - La convergence du cours spot et du prix du future à l'échéance

Les prix des futures sont étroitement liés au cours spot. La différence tient à la différence du jour de livraison. Cette différence entre le cours du future et le cours spot est appelé *base*.

$$\text{Base} = \text{Cours spot} - \text{Cours du future.}$$

Si le cours comptant est supérieur au cours à terme, on dit que la base est positive. Elle est négative dans le cas inverse.

Cette base tend vers 0 à mesure que l'on s'approche de la date de livraison. Le jour de la livraison, le future est un substitut parfait de la devise comptant et c'est pourquoi les cours du future à l'échéance et le cours comptant sont identiques.

La formule générale de calcul de la base d'équilibre est la suivante, pour les contrats de futures contre dollars :

$$\text{Base d'équilibre} = CC \times (\text{Taux de l'euro-dollar} - \text{Taux de l'euro-devise}) \times \frac{J}{360}.$$

avec CC : cours comptant coté en dollars pour une unité de devise,
J : nombre de jours avant la livraison du contrat.

La cotation est donnée en dollars pour une unité de devise. Les taux d'intérêt utilisés sont ceux dont la durée correspond à la date de livraison du contrat de future. Le prix du future théoriquement correct serait celui qui correspondrait à la somme algébrique du cours comptant et de la base.

Par exemple, si l'on dispose des informations suivantes :
taux d'intérêt 3 mois sur l'euro-dollar : 5,00 %,
taux d'intérêt 3 mois sur l'euro-franc : 5,25 %,
cours comptant FRF/USD : 0,1940,
nombre de jours avant la livraison : 91,
la base d'équilibre pour le contrat FRF/USD devrait être égale à :
$$0,1940 \times (0,05 - 0,0525) \times 91/360 = -0,0001 \text{ USD}$$
Le prix théorique du future devrait être proche de
$$0,1940 \text{ USD} - 0,0001 \text{ USD} = 0,1939 \text{ USD}.$$

Si le future franc était inférieur à ce prix, l'arbitragiste pourrait vendre des francs comptant et acheter des futures francs.

Si le future franc était supérieur à ce prix, l'arbitragiste pourrait acheter des francs comptant et vendre des futures francs.

II - LE RISQUE DE BASE

Une couverture parfaite sur le marché des futures est difficile pour deux raisons :
– la standardisation des contrats ne permet pas de couvrir parfaitement sa position. Comme on ne peut acheter ou vendre qu'un nombre exact de contrats, l'exportateur ou l'importateur sera souvent obligé de garder un certain montant non couvert ;
– les dates de livraison sont peu nombreuses : échéances mars, septembre, juin et décembre ;
– le risque de base naît du fait que les cotations des marchés comptant et des marchés à terme peuvent être différentes et que les différences varient dans le temps.

SECTION 7 • COMPARAISON ENTRE LA COUVERTURE SUR LES MARCHÉS DES CHANGES À TERME ET SUR LES MARCHÉS DE FUTURES DE DEVISES

Le tableau VI-5 (page suivante) indique les principales différences entre les marchés des changes à terme et les marchés des futures de devises.

La formation des prix sur les marchés organisés est transparente et les prix sont identiques pour tous, alors que sur les marchés à terme traditionnels, les prix diffèrent selon l'importance des montants et la situation financière des clients. L'évaluation des positions est simple du fait des cours publiés quotidiennement. Il en va différemment pour les opérations avec les banques pour lesquelles il faut demander le nouveau cours à terme à la banque. Le montant à verser est faible sur les marchés de futures. Sur les marchés à terme traditionnels, il faut en général bloquer des lignes de crédit qui auraient pu être utilisées autrement.

Mais, à l'inverse du marché forward, sur lequel la couverture est « sur mesure » quant au montant à couvrir et à la date d'échéance, sur les marchés de futures subsiste un risque de base lorsque le montant à couvrir ne correspond pas à un nombre exact de contrats ou lorsque la date d'échéance de la créance ou de la dette en devises est différente de celle du contrat.

Les marchés de futures de devises peuvent être utilisés pour la couverture du risque de change, mais sont surtout utilisés pour la spéculation.

Tableau VI-5
Marchés des changes à terme et marchés des futures de devises

Caractéristiques	Futures de devises	Marchés à terme
Taille du contrat	Standardisé	Négocié
Cotation	Généralement Devise/USD	Généralement USD/Devise
Échéances	Standardisées généralement inférieures à 1 an	Négociée
Localisation	Sur le marché	Liaisons par téléphone et télex
Prix	Fixé sur le marché	Cotations des cours
Règlement	Généralement pas de règlement, mais compensation (Chambre de compensation)	Généralement livraison de devises
Contreparties	Ne se connaissent pas	Les parties sont en relation
Horaire de négociation	Pendant les séances de marché	24 heures sur 24
Garanties	Dépôt de garantie	Pas de dépôt de garantie, mais exige relations suivies avec la banque

SECTION 8 • LA SPÉCULATION SUR LES MARCHÉS DE FUTURES DE DEVISES

Les marchés de futures se prêtent bien à la spéculation et notamment à la spéculation sur les écarts.

I - La spéculation par prise de position

Un spéculateur achètera ou vendra des contrats selon qu'il anticipe une hausse ou une baisse des contrats. Les futures permettent en effet d'avoir un levier financier important, puisque le dépôt à effectuer est relativement peu important par rapport à la taille des contrats.

II - La spéculation sur les écarts

Un spéculateur peut essayer de tirer un avantage des changements de prix entre deux contrats.

• *Achat et vente de* straddles

Un *straddle* est un type particulier d'écart qui implique un achat et une vente simultanés d'un même contrat de future pour des mois de livraison différents.

Cette stratégie est utilisée lorsque le spéculateur pense que l'écart (*spread*) entre les contrats doit diminuer, en d'autres termes que le différentiel de taux d'intérêt entre l'euro-dollar et l'euro-franc doit diminuer. Les opérations peuvent se dérouler ainsi :

Achat d'un contrat septembre FRF : 0,2000 USD
Vente d'un contrat septembre FRF : 0,1980 USD
$\qquad\qquad\qquad$ Écart : 0,0020 USD

Si l'écart diminue effectivement sur ces contrats, le spéculateur procède aux opérations inverses :

Vente du contrat septembre FRF : 0,2050 USD
Rachat du contrat septembre FRF : 0,1940 USD
$\qquad\qquad\qquad$ Écart : 0,0010 USD

Son gain est égal à :

$$\frac{0{,}0020 \text{ USD} - 0{,}0010 \text{ USD}}{0{,}00005} \times 12{,}50 \text{ USD} = 250 \text{ USD}.$$

Les marchés de futures de devises permettent de spéculer et de se protéger contre les variations adverses de cours. Cependant les difficultés de gestion du risque de base ont limité leur emploi par les entreprises, qui préfèrent les marchés à terme ou les options. Mais ils sont très utilisés par les institutions financières. Ils offrent aux importateurs et aux exportateurs la possibilité de se couvrir contre le risque de change, mais ils comportent un inconvénient, car ils ne leur permettent pas de bénéficier d'une évolution favorable des changes. Cet inconvénient a incité les banques et les marchés à créer des options de devises.

LES MARCHÉS DE FUTURES DE DEVISES

ANNEXE - Couverture avec les futures

A. Principe de couverture avec les futures

On couvre une position longue par une position courte en futures et inversement.
Pour avoir une couverture parfaite en futures, il faudrait que la valeur de la position en futures change du même montant, mais de façon opposée à la position couverte.

Supposons que
CC = cours comptant
F = cours du future
x = d CC
y = d F
u = $x - y$

Aussi longtemps que $x = y$, la variation du cours comptant est égale à la variation du cours des futures et la différence est nulle. Si l'on a un portefeuille composé d'une unité de devise et d'une unité de future de la même devise, il n'y a pas de changement de valeur du portefeuille total.

Si la base est constante, la variation est alors de un pour un et la couverture est parfaite.

Mais souvent, la variation n'est pas de un pour un. La couverture sur le marché des futures n'est que rarement parfaite. Il y a le risque de base. Mais ce risque est beaucoup plus faible que celui encouru par la position non couverte.

Exemple

Un exportateur américain est en position longue de 25 000 £ et vend un contrat de future pour couvrir sa position.

	Cours comptant	Cours du future	Base
Cours initial	1,5066	1,5000	– 0,0066
Cours un mois plus tard	1,4840	1,4830	– 0,0010
Variation	0,0226	0,0140	– 0,0056

La base a changé, donc la couverture n'est pas parfaite.
La perte sur la position comptant est

$$25\ 000\ (1,5066 - 1,4840) = 565\ USD.$$

Le bénéfice sur le contrat de future est égal à :

$$25\ 000\ (1,5000 - 1,4830) = 425\ USD.$$

La perte nette est de :

$$565\ USD - 425\ USD = 140\ USD.$$

On peut calculer d'une autre façon la perte, en s'appuyant sur la variation de la base :

$$-0,0066 - (-0,0010) \times 25\ 000 = 140\ USD.$$

La perte de 140 USD est moins importante que celle qui se serait produite (565 USD) si la position n'avait pas été couverte.

De façon générale, la perte (ou le gain) nette peut se calculer ainsi :

> Perte (ou Gain) = Variation de la base x Montant de la position couverte en futures.

B. Relation entre les prix des futures et les prix comptant

Si les taux d'intérêt n'étaient pas aléatoires, il n'y aurait pas de différence entre les prix des futures et les cours à terme. Les cours de futures sont liés au cours comptant par la théorie de la parité des taux d'intérêt. Les taux d'intérêt considérés étant les taux sur le marché des euro-devises.

$F(t, T) = a\, CC(t)$

où $F(t,T)$: cours du future acheté au temps t et à échéance T

$CC(t)$: cours comptant coté au certain

où

$$(1)\; a = \frac{1 + i_E T/360}{1 + i_D T/360}$$

Ainsi, si i_D est 10 %, si $i_E T$ est 4 %, et si le cours comptant FRF/USD = 0,20 FRF, alors le cours du future serait :

$$0{,}20 \times a = 0{,}20 \times \frac{1 + 0{,}04}{1 + 0{,}10} = 0{,}1887.$$

Quand T tend vers 0, a tend vers 1 et $F(t, T)$ tend vers $CC(t)$.

À maturité, le prix du future converge vers le cours comptant.

En effet, à l'échéance, un opérateur a deux moyens pour avoir des devises :
– soit les acheter au comptant,
– soit acheter un contrat de futures qui arrive à échéance.

La livraison dans les deux cas a lieu dans les deux jours. Donc, un simple arbitrage entre les futures et le comptant permet de s'assurer que le cours des futures et le cours comptant seront les mêmes.

> Avant l'échéance, les cours des devises et les cours des futures ne sont pas les mêmes. La relation entre les variations des prix des futures et des cours comptant est donnée par la relation de parité des taux d'intérêt, donc par le coefficient a de la relation (1), appelé delta du future.

Ce delta peut être inférieur, égal ou supérieur à 1.

Si le delta est supérieur à 1, cela signifie que le prix du futur varie plus que le prix comptant. Dans ce cas, la couverture implique une position en futures plus faible que le montant de la position à couvrir.

Si le delta est inférieur à 1, le prix du futur varie moins que le prix comptant. Dans ce cas, la couverture implique une position en futures plus importante que le montant de la position à couvrir.

Si le delta est égal à 1, cela signifie que le prix du futur varie comme le prix comptant. Dans ce cas, la couverture implique une position en futures égale au montant de la position à couvrir.

Pour chaque unité de devises pour lesquelles un opérateur est court, il pourra se couvrir en achetant $1/a$ de futures de la même devise.

On sait que, selon la théorie de la parité des taux d'intérêt,

$$dF(t, T) = a\, d\, CC(t).$$

Si on est long d'une unité de devises et court de $1/a$ unité de future, la position peut être représentée ainsi :
$$CC(t) - 1/a\, F(t, T).$$
Ainsi, pour une variation du cours comptant, la variation de la valeur de la position sera :
$$d\,CC(t) - 1/a\, dF(t, T) = d\,CC(t) - (1/a)\, a\, d\,CC(t) = 0.$$

Cette égalité est vérifiée si la théorie de la parité des taux d'intérêt est vérifiée, mais il est évident que, pour qu'une couverture soit efficace, il faut que la couverture avec les futures soit constamment ajustée car le delta des futures change.

Exemple

Si le cours comptant DEM/USD (coté au certain) est
$$CC_t\ 1/1{,}5920 = 0{,}6281\ USD,$$
si le cours des futures est 0,6110 USD, le delta du future est alors de $0{,}6110/0{,}6281 = 0{,}9727$, c'est-à-dire qu'un opérateur qui est long en marks devrait pour se couvrir vendre $1/a$ de futures pour chaque mark de position.

Ainsi, si la position d'un opérateur américain était longue de 1 000 000 de DEM, cela correspondrait, puisque le montant d'un contrat est de 125 000 DEM à 80 contrats. Comme le delta est de 0,9727, il suffira de vendre
$$80 \times 0{,}9727 = 77{,}8,$$
c'est-à-dire 78 contrats.

De plus, il lui faudra ajuster sa couverture en fonction de l'évolution du cours des contrats et du cours comptant.

CHAPITRE 7

Les marchés de gré à gré d'options de devises

Les marchés d'options de devises de gré à gré, appelés marchés *over the counter* (OTC), se composent de deux secteurs :
— le marché de détail, composé de clients particuliers ou entreprises qui achètent auprès des banques des options pour se couvrir contre le risque de change. Ces clients sont notamment des grandes entreprises, des institutions financières, des gestionnaires de portefeuilles internationaux ;
— le marché de « gros », constitué par les banques commerciales, les banques d'investissement, etc. Celles-ci utilisent ce marché pour réassurer les positions prises avec leurs clients ou pour prendre des positions spéculatives d'options.

Ce chapitre examine successivement l'importance des marchés d'options de devises de gré à gré (Section 1), les intervenants sur ces marchés (Section 2), les caractéristiques de ces options (Section 3), les cotations (Section 4), les différentes stratégies d'options (Section 5), la couverture du risque de change au moyen d'options (Sections 6 et 7), les options de seconde génération (Section 8), et les options « synthétiques » (Section 9).

SECTION 1 • L'IMPORTANCE DES MARCHÉS DE GRÉ À GRÉ D'OPTIONS

Les marchés de gré à gré d'options représentent un volume de transactions très important et ils se développent rapidement. Le tableau VII-1 indique les volumes traités sur ces marchés. Les États-Unis, le Royaume-Uni et le Japon arrivent en tête, suivis par la Suisse, Singapour et la France.

Tableau VII-1
Volume des transactions sur les marchés d'options
Moyenne quotidienne
en millions de dollars

Pays	Volume
Grande-Bretagne	6 704,6
États-Unis	14 606,1
Japon	5 935
Singapour	2 209,4
Suisse	2 490,2
Hong Kong	—
Allemagne	1 477,9
France	1 968,5
Australie	—
Danemark	1 045,6
Canada	381,3
Suède	177,4
Pays-Bas	421,5
Luxembourg	90,7
Belgique	226,4
Italie	56,8
Espagne	84,0
Portugal	—

Source : Banque des règlements internationaux, mars 1993.

SECTION 2 • LES INTERVENANTS SUR LES MARCHÉS D'OPTIONS

Sur les marchés de gré à gré, les opérations sont traitées soit directement entre les contreparties, soit par l'intermédiaire d'un courtier. Il y a plusieurs catégories d'intervenants :

– les *hedgers* ou opérateurs en couverture : exportateurs, importateurs, banques, qui veulent se protéger contre un risque de change, et investisseurs internationaux, qui veulent garantir la valeur de leurs portefeuilles,

– les entreprises qui ont des cash flows futurs incertains,

– les banques qui tirent profit du marché en prenant des risques et en vendant des options,

– les arbitragistes, qui retirent un profit du fait de distorsions sur différents marchés,
– les spéculateurs, qui interviennent sur les marchés en fonction de leur anticipation de la volatilité.

Toutes les transactions ont lieu par téléphone ou par les systèmes Reuter ou Télérate et peuvent avoir lieu 24 heures sur 24.

SECTION 3 • LES CARACTÉRISTIQUES DES OPTIONS DE DEVISES

> L'option sur le marché de gré à gré est un contrat conclu entre deux parties. Ce contrat donne à l'acheteur le droit — et non l'obligation d'acheter (option d'achat) ou de vendre (option de vente) un certain montant de devises à un prix fixé à l'avance pendant une période de temps définie ou à une date déterminée.

L'acheteur d'une option désire éviter un risque et le vendeur est prêt à assumer ce risque.

I - Les différents types d'options

A. Options d'achat et options de vente

> Une *option d'achat*, ou *call*, permet à l'acheteur d'acheter une devise A contre une devise B, à un prix déterminé à — ou jusqu'à — une certaine date.
> Une *option de vente*, ou *put*, permet à l'acheteur de vendre une devise A contre une devise B, à un prix déterminé à — ou jusqu'à — une certaine date.

On peut acheter ou vendre des options d'achat et des options de vente.

B. Options « européennes » et options « américaines »

– Pour les options « européennes », le droit d'exercice ne peut s'effectuer qu'à la date d'échéance.
– Pour les options « américaines », le droit d'exercice peut être utilisé pendant toute la durée de vie de l'option.

II - Les caractéristiques des contrats d'options

L'acheteur de l'option acquiert le droit — et non l'obligation — d'acheter (option d'achat) ou de vendre (option de vente) :

– un montant déterminé de devises : volume du contrat,
– à un prix convenu : prix d'exercice,
– jusqu'à une date indéterminée (option américaine) ou à une date déterminée (option européenne) : échéance.

C'est l'acheteur de l'option qui choisit d'exercer ou de ne pas exercer son option. Pour avoir ce droit, il verse au vendeur de l'option une prime ou prix de l'option.

Le vendeur d'une option a l'*obligation* de vendre (vente d'option de vente) ou d'acheter (vente d'option d'achat) un certain montant de devises au prix convenu, si l'acheteur de l'option exerce son droit d'option dans les délais.

Il faut remarquer qu'une option d'achat francs-dollar (*call franc*), qui donne le droit d'acheter le franc contre dollars, est également une option de vente dollar/francs (*put dollar*), puisqu'elle donne le droit de vendre le dollar contre francs.

Les situations de l'acheteur d'option et du vendeur d'option sont différentes. L'acheteur de l'option a un risque de perte limité au montant de la prime et un risque de gain illimité. Le vendeur de l'option a un risque de perte illimité et un risque de gain limité à la prime.

A. Le montant du contrat

Sur les marchés de gré à gré, le montant du contrat est de l'ordre de 5 millions de dollars, voire même davantage, avec des montants sur les marchés interbancaires pouvant dépasser 100 millions de dollars.

B. Les devises traitées

Les devises traitées sur ce marché sont celles qui sont traitées activement sur le marché au comptant et sur le marché à terme.

C. Le prix d'exercice

Le prix de la devise fixé dans le contrat est appelé prix d'exercice. Ce prix est choisi par l'acheteur sur les marchés de gré à gré. Il est généralement proche du cours comptant ou du cours à terme.

D. La prime

Le prix de l'option, appelé prime, est payé au début par l'acheteur au vendeur. Cette prime reste acquise au vendeur qui, en échange, s'engage à se soumettre à la décision de l'acheteur. Sur les marchés de gré à gré, la prime est exprimée en pourcentage : 3 % du montant de l'option, par exemple.

E. La date d'échéance

La durée d'une option est limitée. Elle peut aller jusqu'à cinq ans.
La livraison de devises a lieu deux jours ouvrés après la date d'exercice.

> Les options peuvent être revendues ou rachetées, ce qui permet à l'acheteur ou au vendeur de se départir de ses droits et obligations avant l'échéance. Mais l'option elle-même ne s'éteint qu'au moment où elle est exercée ou échue.

Sur les marchés de gré à gré, l'acheteur de l'option ne peut revendre son option qu'à la banque qui lui a vendu l'option.

SECTION 4 • LES COTATIONS DES OPTIONS

Sur les marchés de gré à gré, les primes sont cotées en pourcentage du montant de la transaction. Le paiement peut avoir lieu en devises étrangères ou en monnaie domestique. Entre banques, est cotée la volatilité.
Les prix d'exercice sont au libre choix de l'acheteur.
La prime est composé de deux éléments :
– la valeur intrinsèque,
– la valeur temps.

> Prix de l'option = Valeur intrinsèque + Valeur temps.

I - La valeur intrinsèque

> La valeur intrinsèque de l'option est égale au gain que retirerait l'acheteur de l'option s'il l'exerçait immédiatement. On la calcule différemment selon qu'il s'agit d'une option américaine ou d'une option européenne.

À l'échéance, la seule valeur de l'option est sa valeur intrinsèque. Si, à cette date, elle n'a pas de valeur intrinsèque, elle n'a aucune valeur.

A. Option d'achat

La valeur intrinsèque (VI) d'une *option d'achat américaine* est égale à la différence entre le cours comptant et le prix d'exercice, car l'option peut être exercée à tout moment (Graphique VII-1, page suivante).

> Valeur intrinsèque = Cours comptant − Prix d'exercice.

Graphique VII-1
Valeur intrinsèque (VI) d'une option d'achat

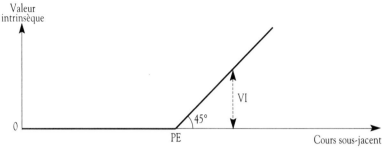

La valeur intrinsèque d'une *option d'achat européenne* est égale à la différence entre le cours à terme et le prix d'exercice, car l'option ne peut être exercée qu'à l'échéance. Donc, l'arbitrage ne peut se faire qu'avec le cours à terme et non avec le cours comptant.

Valeur intrinsèque = Cours à terme – Prix d'exercice.

La valeur intrinsèque d'une option est soit positive, soit nulle.

Par exemple, la valeur intrinsèque d'une option d'achat européenne USD/FRF dont le prix d'exercice est 5 FRF, si le cours à terme est 5,50 FRF, est égale à

VI = 5,50 – 5,00 = 0,50 FRF.

Si le cours à terme est 4,80 FRF, la valeur intrinsèque de cette option est nulle.

Si la différence est négative, on dit que la valeur intrinsèque est égale à zéro.

B. Option de vente

La valeur intrinsèque d'une option de vente est égale
- à la différence entre le prix d'exercice et le cours comptant (option américaine),
- à la différence entre le prix d'exercice et le cours à terme (option européenne) (Voir Graphique VII-2, page suivante).

C. Options dans la monnaie, hors monnaie ou à la monnaie

Une option est dite
- dans la monnaie (*in the money*), lorsque le cours de change est supérieur au prix d'exercice (*call*) ou inférieur au prix d'exercice (*put*) ;
- hors monnaie (*out of the money*), lorsque le cours de change est inférieur au prix d'exercice (*call*) ou supérieur au prix d'exercice (*put*),
- à la monnaie (*at the money*), lorsque le cours de change est égal au prix d'exercice.

Graphique VII-2
Valeur intrinsèque (VI) d'une option de vente

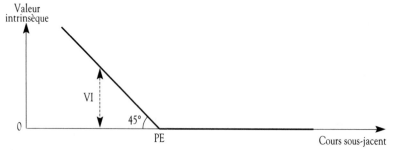

Par exemple, une option d'achat américaine qui permet d'acheter le dollar à 5,20 FRF alors que le dollar sur le marché est à 5,50 FRF, est une option dans la monnaie. Si le dollar sur le marché est à 5,20 FRF, l'option est à la monnaie ou à parité. Si le dollar sur le marché est à 5,00 FRF, l'option est hors monnaie.

Il est évident qu'une option dans la monnaie sera plus chère qu'une option hors monnaie, puisqu'elle permet de dégager un profit.

Il importe de bien choisir, lorsqu'on utilise les options, le prix d'exercice. Ce choix dépend évidemment des anticipations des cours par l'entreprise. Il permet à l'entreprise de déterminer son profil de risque.

Si le prix d'exercice d'une option hors monnaie est très éloigné du cours de la devise, cela la rapproche d'une stratégie de non-couverture. Si elle choisit un prix d'exercice très proche du cours de la devise à terme, cela la rapproche d'une stratégie de couverture à terme.

II - LA VALEUR TEMPS

La valeur temps, ou valeur extrinsèque, est égale à la différence entre le prix de l'option et la valeur intrinsèque.

Valeur temps = Prime − Valeur intrinsèque.

Une option d'achat permet d'acheter du dollar à 5,00 FRF quand le dollar est coté 5,50 FRF, et à un prix de 0,70 FRF. Sa valeur temps est égale à

0,70 FRF − 0,50 FRF = 0,20 FRF.

La valeur temps comprend trois composantes :
− la durée restant à courir avant l'échéance. À mesure que l'option approche de la date d'expiration, la valeur temps diminue, ce qui est logique, car le temps pendant lequel l'option est susceptible d'être exercée est moins long. À la date d'expiration, l'option a une valeur temps nulle et n'a qu'une valeur intrinsèque ;

LE MARCHÉ DE GRÉ À GRÉ D'OPTIONS DE DEVISES

– le différentiel de taux d'intérêt entre les devises, pour la durée correspondant à l'échéance de l'option ;

– la volatilité du cours de la devise sous-jacente. Plus grande est la volatilité et plus est forte la probabilité d'exercice de l'option, donc plus la prime sera élevée.

La volatilité est l'écart type associé à la devise, mesuré en pourcentage.

Si le dollar est coté 5,5000 FRF et si sa volatilité annuelle est de 12 %, cela signifie que l'on peut estimer que, dans un an,

– le dollar se traitera entre 5,5000 (1 + 0,12) et 5,5000 (1 – 0,12) c'est-à-dire entre 6,1600 et 4,8400, avec une probabilité de 68 % soit 2/3 des cas ;

– le dollar se traitera entre 5,5000 (1 + 0,12 x 2) et 5,5000 (1 – 0,12 x 2), c'est-à-dire entre 6,82 et 4,18 avec une probabilité de 95 % ;

– le dollar se traitera entre 5,5000 (1 + 0,12 x 3) et 5,5000 (1 – 0,12 x 3), c'est-à-dire entre 7,48 et 3,52 avec une probabilité de 99,7 %.

La durée et le différentiel de taux d'intérêt sont des données disponibles sur les marchés. La volatilité est la variable qui doit être estimée.

Une bonne estimation de la volatilité est indispensable pour estimer la valeur de l'option. Une sous-estimation de la volatilité conduirait à une sous-évaluation de la prime et ferait supporter aux vendeurs d'options un grand risque.

Lorsqu'on connaît la volatilité annuelle, on estime la volatilité journalière en divisant par la racine carrée du nombre de séances de transactions annuelles. En ôtant les jours fériés et les week-ends pendant lesquels il n'y a pas de transactions, on obtient 256 séances. La racine carrée de 256 est égale à 16.

La volatilité du cours du dollar pour une journée est égale à :

$$12\ \% / 16 = 0,75\ \%.$$

Si le dollar est à 5,5000 FRF, on peut s'attendre, avec une probabilité de 68 % à ce que la variation dans une journée aille de 5,5000 (1 + 0,75 %) soit 5,5413 FRF à 5,5000 (1 – 0,75 %) c'est-à-dire 5,4588 FRF.

De même, pour estimer la volatilité pour une semaine, on divise la volatilité annuelle par la racine carrée du nombre de semaines (52), soit 7,2. On obtient :

$$12\ \% / 7,2 = 1,66\ \%.$$

Le dollar coté à 5,5000 FRF peut donc varier de 5,5913 à 5,4087 au cours de la semaine, avec une probabilité de 68 %.

On calcule
- la *volatilité historique*, qui découle de l'analyse des cours passés, bien que rien ne puisse laisser supposer que la volatilité constatée dans le passé restera constante. Certaines paires de devises comme le dollar canadien et le dollar américain ont une faible volatilité. D'autres comme le yen/dollar, le yen/mark, le dollar/mark, ont une volatilité plus importante et très variable ;
- et la *volatilité implicite*, qui est la volatilité calculée à partir du marché.

SECTION 5 • LES DIFFÉRENTES STRATÉGIES D'OPTIONS

Les stratégies d'options peuvent répondre à différentes anticipations du marché quant à l'évolution du cours de la devise et de sa volatilité.

I - LES STRATÉGIES SIMPLES

A. Anticipation d'une hausse de la devise sous-jacente

L'achat d'une option d'achat peut permettre un bénéfice, si l'augmentation du cours de la devise est supérieure au prix d'exercice (PE) augmenté de la prime (Graphique VII-3).

Le graphique VII-3 indique la position de l'acheteur d'option d'achat. Le point mort d'une option d'achat ou seuil de rentabilité est égal à la somme du cours de la devise et de la prime.

Graphique VII-3
Achat d'option d'achat

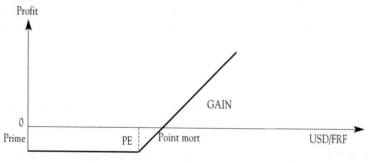

Le profit est égal à

Profit = CC − Prix d'exercice − Prime.

L'acheteur d'une option call ou d'une option put a un risque de perte limité au montant de la prime versée et des chances de gain presque illimitées.

> Pour une variation du cours de change, l'acheteur d'une option d'achat réalise, en pourcentage de capital investi, des gains plus élevés que le détenteur des devises si le cours de cette devise dépasse le seuil de rentabilité (effet de levier).

Le graphique VII-4 indique la position du vendeur d'une option d'achat de dollars contre francs.

**Graphique VII-4
Vente d'option d'achat**

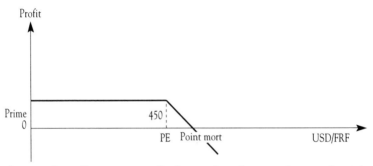

Le vendeur d'une option d'achat a des chances de gain limitées au montant de la prime et un risque de perte presque illimité.

B. Anticipation d'une baisse de la devise sous-jacente

L'acheteur d'une option de vente anticipe une baisse de la devise sous-jacente. Le graphique VII-5 indique la position d'un acheteur d'une option de vente. Le point mort de l'option de vente est égal à la différence entre le cours de la devise et la prime.

**Graphique VII-5
Achat d'option de vente**

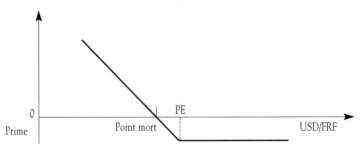

Le profit de l'acheteur d'une option de vente est égal à
$$\text{Profit} = \text{Prix d'exercice} - \text{CC} - \text{Prime}.$$

Le graphique VII-6 montre le gain ou la perte du vendeur de l'option de vente.

Graphique VII-6
Vente d'option de vente

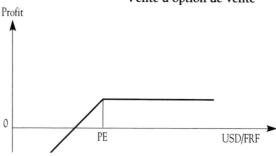

Le vendeur d'une option de vente a des chances de gain limitées au montant de la prime et un risque de perte presque illimité.

II - LES AUTRES STRATÉGIES D'OPTIONS

A. Les *straddles*

Un *straddle* est l'achat (ou la vente) simultanée d'une option d'achat et d'une option de vente pour le même prix d'exercice.

• *Achat d'un* straddle

L'achat d'un *straddle* est l'achat d'une option d'achat et d'une option de vente pour le même prix d'exercice. Les primes à payer sont la somme de la prime d'option d'achat (PA) et la prime de l'option de vente (PV).

Cette stratégie peut être utilisée lorsque l'acheteur anticipe des *fluctuations importantes* de la devise, mais sans en connaître le sens. Le graphique VII-7 indique la position de l'acheteur de *straddle*.

Graphique VII-7
Position de l'acheteur de straddle

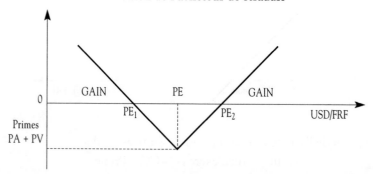

LE MARCHÉ DE GRÉ À GRÉ D'OPTIONS DE DEVISES

L'acheteur d'un straddle ne dégage de bénéfice que si le cours de la devise s'éloigne du prix d'exercice de plus de la valeur des deux primes payées PA + PV, soit dans un sens, soit dans l'autre.

Profit = CC – Prix d'exercice – Primes.
Profit = Prix d'exercice – CC – Primes.

- *Vente d'un* straddle

Le vendeur de *straddle* espère que la devise ne variera pas beaucoup de façon à garder les primes. Il anticipe une diminution de la volatilité de la devise.

Il ne dégage un bénéfice que si le cours de la devise est compris entre PE_1 et PE_2. Son profit est maximum si le cours est égal au prix d'exercice. Dans ce cas, il garde la totalité des primes PA et PV.

B. Les écarts ou *spreads*

Un *spread* est l'achat simultané d'une option et la vente d'une autre option sur la même devise sous-jacente.

Les *spreads* sont plutôt utilisés par les traders des banques.

- *Les écarts verticaux* (vertical spread)

Un écart — ou *spread* — vertical est composé de l'achat et la vente d'options d'achat ou de vente pour la même date de maturité avec des prix d'exercice différents.

L'écart est appelé vertical simplement parce que, dans les journaux, les cotations des options pour différents prix d'exercice sont indiquées les unes au-dessous des autres.

Ils combinent les anticipations sur les cours et la volatilité.

Ces écarts verticaux peuvent être haussiers ou baissiers.

Un écart vertical haussier est l'achat d'un call à un prix d'exercice PE_1 et la vente d'un call à un prix d'exercice plus élevé PE_2. La perte maximale est la différence entre la prime (PV) gagnée lors de la vente et la prime payée pour l'option d'achat (PA).

Un écart vertical baissier est l'achat d'un put à un prix d'exercice PE_2 et la vente d'un put à un prix d'exercice plus faible PE_1. La perte maximale est la différence entre la prime (PV) gagnée lors de la vente et la prime payée pour l'option d'achat (PA). Le gain est maximum lorsque le cours de la devise est égal au prix d'exercice de l'option vendue.

Le graphique VII-8 représente l'achat d'un écart vertical haussier. La position nette de l'acheteur est représentée en traits gras.

Graphique VII-8
Écart vertical haussier

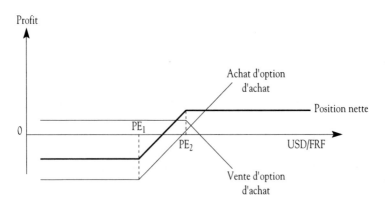

- *Les écarts horizontaux* (horizontal spread)

Ces écarts sont également appelés *écarts calendaires*. Ils combinent l'achat d'options d'échéances différentes : achat, par exemple, d'une option d'échéance longue et vente simultanée d'une option d'échéance courte.

De nombreuses stratégies d'options plus complexes existent qui dépassent le cadre de cet ouvrage.

SECTION 6 • LA COUVERTURE DU RISQUE DE CHANGE PAR LES OPTIONS DE DEVISES

Les options de devises sont utilisées dans un but de spéculation ou dans un but de couverture.

> L'option de change permet à l'entreprise de se garantir un cours de change tout en conservant la possibilité de bénéficier d'une évolution du cours qui lui serait favorable.

Elle est utilisée également pour couvrir des opérations aléatoires (soumission à des appels d'offres, ventes sur catalogues).

À partir du prix d'exercice et du montant de la prime, on calcule le cours effectif garanti ou point mort de l'option.

> Le cours effectif garanti est le cours minimum de la devise pour l'exportateur et le cours maximum de la devise pour l'importateur lorsqu'ils se couvrent avec des options. Les cours peuvent être plus intéressants si la devise évolue favorablement.

LE MARCHÉ DE GRÉ À GRÉ D'OPTIONS DE DEVISES

I - Couverture d'une exportation libellée en devises

Pour couvrir une exportation libellée en devises étrangères, l'entreprise peut acheter une option de vente (put) de devises.

L'exportateur Martin sait qu'il doit recevoir 500 000 USD dans trois mois. Il achète une option de vente dollars/francs à échéance trois mois au prix d'exercice de 5,00 FRF. Le cours comptant est de 5,00 FRF. On suppose que le cours à terme est aussi de 5,00 FRF. Le coût de la prime est de 2 %.

L'exportateur doit verser immédiatement la prime, soit :

$$0,02 \times 500\ 000 \times 5,00 = 50\ 000\ \text{FRF}.$$

Trois mois plus tard :

a) Cours comptant USD/FRF : 4,50 FRF

L'exportateur Martin exerce son option et reçoit, en échange de 500 000 USD :

$$500\ 000 \times 5,00 = 2\ 500\ 000\ \text{FRF}.$$

Son revenu net, qui doit tenir compte de la prime versée, est donc de :

$$2\ 500\ 000\ \text{FRF} - 50\ 000\ \text{FRF} = 2\ 450\ 000\ \text{FRF}.$$

S'il ne s'était pas couvert, Martin aurait reçu :

$$500\ 000 \times 4,50 = 2\ 250\ 000\ \text{FRF}.$$

b) Cours comptant USD/FRF : 5,50 FRF

L'exportateur Martin n'exerce pas son option et reçoit, en échange de 500 000 USD :

$$500\ 000 \times 5,50 = 2\ 750\ 000\ \text{FRF}.$$

Son revenu net, qui doit tenir compte de la prime versée, est donc de :

$$2\ 750\ 000\ \text{FRF} - 50\ 000\ \text{FRF} = 2\ 700\ 000\ \text{FRF}.$$

S'il ne s'était pas couvert, il aurait reçu :

$$500\ 000 \times 5,50 = 2\ 750\ 000\ \text{FRF}.$$

c) Cours comptant USD/FRF : 5,00 FRF

L'exportateur Martin n'exerce pas son option. Son revenu net est de :

$$2\ 500\ 000\ \text{FRF} - 50\ 000\ \text{FRF} = 2\ 450\ 000\ \text{FRF}.$$

En d'autres termes, il apparaît que l'option lui garantit un revenu minimum de 2 450 000 FRF et lui permet éventuellement de bénéficier de l'évolution favorable de la devise.

L'option est plus intéressante que la couverture à terme, dans cet exemple, si la hausse du dollar est supérieure au montant de la prime, ce qui était le cas *a)* où la hausse du dollar était de 0,50 FRF alors que la prime payée par dollar était de $0,02 \times 5,00 = 0,10$. Donc, dès lors que le dollar dépassait 5,10 FRF, l'option était préférable.

> Le cours effectif garanti par l'option de vente est égal au prix d'exercice moins la prime.

En résumé, l'exportateur peut :
– laisser sa position non couverte s'il est haussier sur la devise, mais il prend le risque d'une baisse éventuelle ;
– se couvrir sur le marché des changes à terme et fixer ainsi le prix de la devise, quelle que soit l'évolution ultérieure. C'est la meilleure solution s'il est baissier sur la devise, ou s'il anticipe des fluctuations importantes des cours ;
– acheter une option de vente de devises s'il anticipe une hausse de la volatilité de la devise ;
– vendre une option d'achat de devises s'il anticipe une baisse de la volatilité de la devise.

II - Couverture d'une importation libellée en devises

Pour couvrir une importation libellée en devises étrangères, l'entreprise peut acheter une option d'achat de devises.

Exemple

La société Parot doit régler 1 000 000 USD dans deux mois. Elle veut se couvrir par une option d'achat de dollars. Les conditions sont les suivantes :

Prix d'exercice = Cours comptant = Cours à terme = 5,2500.

La prime de l'option s'élève à 2 %, soit 0,02 × 5,25 = 0,105 FRF par dollar.

La société Parot doit payer immédiatement la prime :

1 000 000 × 0,02 × 5,25 = 105 000 FRF.

À l'échéance, plusieurs cas peuvent se présenter.

a) Cours comptant USD/FRF : 4,78

La société Parot n'exerce pas son option. Elle achète les dollars sur le marché. L'importation revient, en tenant compte de la prime versée, à :

(1 000 000 × 4,78) + 105 000 FRF = 4 885 000 FRF.

b) Cours comptant USD/FRF : 5,45

La société Parot exerce son option. L'importation revient, en tenant compte de la prime versée, à :

(1 000 000 × 5,25) + 105 000 FRF = 5 355 000 FRF.

Si elle n'avait pas acheté d'option et avait laissé sa position non couverte, elle aurait payé :

1 000 000 × 5,45 = 5 450 000 FRF.

Si elle s'était couverte sur le marché à terme, elle aurait payé :
$$1\ 000\ 000 \times 5{,}25 = 5\ 250\ 000\ FRF.$$
Dans ce cas, la couverture sur le marché à terme aurait été préférable.

c) Cours comptant USD/FRF : 5,25

La société Parot n'exerce pas son option. Le dollar lui revient à :
$$5{,}25 + 0{,}105 = 5{,}355\ FRF.$$

Le cours effectif garanti par l'option d'achat est égal au prix d'exercice plus la prime.

En résumé, la société importatrice peut
– laisser sa position non couverte si elle est baissière sur la devise, mais elle prend le risque d'une hausse éventuelle ;
– se couvrir sur le marché des changes à terme et fixer ainsi le prix de la devise, quelle que soit l'évolution ultérieure. C'est la meilleure solution si elle est haussière sur la devise ;
– acheter une option d'achat de devises si elle anticipe une hausse de la volatilité de la devise ;
– vendre une option de vente de devises si elle anticipe une baisse de la volatilité de la devise.

III - Cas ou le règlement en devises est aléatoire : exemple d'appel d'offres

L'entreprise qui a répondu à un appel d'offres veut se garantir contre une évolution défavorable du cours entre le moment où elle soumet son offre et le moment où elle sera payée si son offre est retenue. Si elle ne se couvre pas, elle court le risque que son offre soit retenue et que la devise étrangère se soit dépréciée, supprimant sa marge de profit et même davantage.

Si elle se couvre sur le marché à terme, et si son offre n'est pas retenue, il lui faudra revendre les devises, peut-être à perte sur le marché.

La meilleure solution, dans le cas de soumission à un appel d'offres, est la couverture par les options. L'entreprise se couvre contre une baisse de la devise tout en gardant la possibilité de bénéficier de la hausse.

L'entreprise doit acheter une option de vente de devises pour se couvrir.

Exemple

Une entreprise française soumissionne à un marché :
Montant : 10 millions USD.
Durée de réponse : 6 mois.
Cours comptant USD / FRF : 5,50 FRF.

Le cours à 6 mois du dollar est 5,60 FRF.

La prime d'une option de vente à 6 mois pour un prix d'exercice de 5,50 FRF est de 3 %.

Si l'entreprise ne s'est pas couverte, et si le cours du dollar a baissé, le potentiel de perte est illimité.

Si l'entreprise s'est couverte sur le marché à terme, si l'offre n'est pas retenue et si le cours du dollar a monté, le potentiel de perte est illimité.

Si l'entreprise a acheté une option de vente USD/FRF, le coût de la prime est :

$$3\ \% \times 10\ 000\ 000 \times 5,50\ FRF = 1\ 650\ 000\ FRF.$$

Deux cas peuvent alors se présenter :

a) l'appel d'offres est remporté

– Si le cours spot du dollar est 5,0000 FRF :

• Revente de l'option avec un gain

$$(5,50000 - 5,000) \times 10\ 000\ 000\ USD = 5\ \text{millions FRF}.$$

Le gain net doit tenir compte du versement de la prime.

• L'entreprise couvre sur le marché à terme les futures recettes en dollars sur la base du cours à terme.

– Si le cours spot du dollar est 6,0000 FRF :

• L'entreprise abandonne l'option.

• Elle vend à terme les futures recettes en dollars sur la base du cours à terme du marché à terme.

L'option de vente a permis de se couvrir contre la hausse tout en couvrant le risque de baisse.

b) L'appel d'offres n'est pas remporté

– Si la devise s'est dépréciée et si son cours est inférieur au prix d'exercice, l'option peut être revendue sur le marché. Elle a une valeur d'autant plus élevée que la devise étrangère s'est dépréciée.

– Si le cours spot est à 4,9500 FRF, revente de l'option avec un gain

$$(5,50000 - 4,9500) \times 10\ 000\ 000\ USD = 5,5\ \text{millions FRF}.$$

Le gain net doit tenir compte du versement de la prime.

– Si le cours spot est à 6,000 FRF, la devise s'est appréciée par rapport au prix d'exercice, l'option n'a plus de valeur. L'entreprise perd la prime (1 650 000 FRF) qui constituait une sorte d'assurance.

SECTION 7 • LA COUVERTURE DU RISQUE DE CHANGE PAR DES OPTIONS À PRIME ZÉRO (OU TUNNELS À PRIME NULLE)

Pour éviter de faire payer une prime aux entreprises, les banques offrent des options prime zéro, ou tunnels à prime nulle qui permettent une couverture entre deux limites sans paie-

ment de prime. Elles permettent d'assurer une fourchette de cours autour du cours à terme, c'est-à-dire un cours plafond et un cours plancher.
Si le cours comptant à l'échéance donnée se situe entre ces deux limites, l'entreprise bénéficie alors de ce cours comptant.

Ces options à prime zéro sont la combinaison :
– soit d'un achat d'un call et d'une vente d'un put (options européennes) hors monnaie ayant des primes égales,
– soit d'un achat d'un put et d'une vente d'un call (options européennes) hors monnaie ayant des primes égales.
Les prix d'exercice sont choisis de façon que les primes soient égales. Les prix d'exercice E_1 et E_2 sont à peu près symétriques du cours à terme.
L'acheteur du tunnel prime zéro se garantit un cours à l'intérieur d'une fourchette sans verser de prime.
Le montant minimum pour une option prime zéro est de l'ordre de 100 000 USD ou la contrevaleur. La durée varie d'une semaine à un an.
L'inconvénient de l'option prime zéro est qu'elle ne permet pas de bénéficier d'une évolution favorable des cours au-delà de la fourchette des cours.

I - Couverture d'une exportation par une option à prime zéro

L'exportateur peut ainsi se garantir une fourchette de prix de cession pour ses devises. Généralement, l'exportateur choisira une fourchette autour du cours à terme.

L'exportateur achètera une option prime zéro pour se protéger contre une baisse du dollar (Tableau VII-2). Si l'exportateur anticipe une baisse du dollar, il choisira plutôt des fourchettes étroites. Si, au contraire, il anticipe une hausse du dollar, il choisira des fourchettes larges.

Si un exportateur qui doit recevoir 1 million de dollars dans un mois souhaite se couvrir contre le risque de change avec une option prime zéro et s'il choisit l'option prime zéro avec fourchettes larges. En supposant les cotations données dans le tableau VII-2 (page suivante) :
– si, à l'échéance, le dollar est inférieur à 5,38 FRF, il vendra ses dollars 5,38 grâce à son option ;
– si, à l'échéance, le dollar vaut plus que 5,77, il ne touchera que 5,77 FRF par dollar ;
– si, à l'échéance, le cours comptant est compris entre 5,38 FRF et 5,77 FRF, l'exportateur vendra au cours du marché.

L'achat d'un tunnel prime zéro signifie qu'il est prêt à accepter une perte potentielle jusqu'à un cours de 5,38 FRF dans l'espoir de pouvoir vendre ses dollars à 5,77 FRF.

Tableau VII-2
Tunnel prime nulle
Protection contre la baisse du dollar

Échéances	Protection entre les bornes (fourchettes)	
	Fourchettes étroites	Fourchettes larges
1 mois	5,48 – 5,67	5,38 – 5,77
3 mois	5,52 – 5,70	5,42 – 5,81
6 mois	5,56 – 5,73	5,46 – 5,84

Source : Les Échos.

II - Couverture d'une importation par une option à prime zéro

L'importateur peut aussi se couvrir contre la hausse du dollar avec un tunnel prime zéro (Tableau VII-3).

Tableau VII-3
Tunnel prime nulle
Protection contre la hausse du dollar

Échéances	Protection entre les bornes (fourchettes)	
	Fourchettes étroites	Fourchettes larges
1 mois	5,49 – 5,68	5,40 – 5,78
3 mois	5,53 – 5,72	5,44 – 5,82
6 mois	5,56 – 5,73	5,46 – 5,84

Source : Les Échos.

Les options à prime zéro sont également utilisées pour la couverture du risque de change des opérations financières : couverture d'emprunts, gestion de portefeuilles en devises, par exemple.

De nombreuses variantes des options prime zéro sont proposées par les banques, comme les options avec intéressement.

SECTION 8 • LES OPTIONS DE SECONDE GÉNÉRATION

Les options de « seconde génération » ou options « dérivées » permettent des couvertures optionnelles adaptées à des situations déterminées.

On range ces options en quatre catégories :
– les options sur moyenne,
– les options à barrière,

– les option sur option ou *compound options*,
– les *lookback* options.

Les deux premières catégories sont plus utilisées que les autres.

I - Les options sur moyenne

> Une option de cours moyen (*average rate option*), appelée aussi option asiatique ou option sur moyenne, est une option dont le prix d'exercice est le cours moyen de la devise pendant la durée de l'option, et non pas le cours de change à maturité.

Comme la volatilité d'une moyenne de cours est inférieure à celle des cours eux-mêmes, le prix de ces options est plus faible.

À la fin de la durée de vie de l'option, la moyenne des cours de la devise est calculée à partir de données bien définies et comparée au prix d'exercice.

Si l'option est dans la monnaie, c'est-à-dire si le cours moyen est supérieur au prix d'exercice pour une option d'achat (et l'inverse pour une option de vente), un paiement en espèces est effectué au profit de l'acheteur de l'option, égal au montant de l'option multiplié par la différence entre le cours moyen et le prix d'exercice. Supposons une option de 2 000 000 USD, dont la prime est de 1,8 % pour l'option classique et de 1,6 % pour l'option de cours moyen ; le tableau VII-4 indique le résultat pour l'acheteur d'option classique et pour l'acheteur d'option de cours moyen dans le cas où le cours moyen est supérieur au prix d'exercice.

Tableau VII-4
Comparaison entre l'option classique et l'option de cours moyen

	Option classique	Option de cours moyen
Prix d'exercice	6,0000	6,0000
Cours à l'échéance	6,5000	6,5000
Cours moyen	—	6,7000
Paiement à l'acheteur	2M (6,5 – 6,0)/6,5 153 846 FRF	2M (6,7 – 6,0)/6,5 215 384 FRF
Prime	1,8 %	1,6 %

Il est évident que, si l'option est hors monnaie à l'échéance, l'acheteur ne reçoit rien. Sa perte est toujours limitée au montant de la prime.

Les options sur moyenne sont utilisées pour couvrir un flux continu de positions de change dans une devise particulière. Elles peuvent aussi être utilisées pour couvrir les profits budgétés des filiales étrangères. La condition d'option est relative à la date de livraison de la devise.

II - L'OPTION À BARRIÈRE (KNOCK IN ET KNOCK OUT OPTIONS)

L'option à barrière est utilisée dans le cadre de couverture de risque d'une entreprise structurellement exportatrice. Elle permet de diminuer le prix de l'option.

La barrière est un prix prédéterminé du sous-jacent. La barrière est activante (ou *in*) ou désactivante (ou *out*). Dans le cas d'une option de vente à barrière avec une barrière de 6 francs par exemple, tant que le cours de change n'a pas atteint ni franchi le niveau de la barrière, l'entreprise détient son option de vente. En revanche, lorsque le niveau de 6 francs est atteint, l'option de vente disparaît.

III - L'OPTION SUR OPTION (COMPOUND OPTION)

Une option sur option est une option d'acheter une option. Elle est utilisée lors des soumissions à des offres publiques qui devraient permettre d'obtenir des revenus futurs en devises.

La première option (option mère) a des caractéristiques bien déterminées de même que la seconde option (option fille). L'option sur option est en quelque sorte une option sur la prime de l'option fille.

Si le marché est remporté, le risque de change est couvert puisqu'on peut exercer l'option fille. L'entreprise aura donc payé deux primes. Mais si l'offre n'est pas retenue, le coût final de la couverture pour l'entreprise sera plus faible que dans le cas d'une option classique.

IV - L'OPTION DITE SANS REGRET (LOOKBACK OPTION)

Une *lookback* option est une option qui diffère d'une option classique dans la mesure où son prix d'exercice est déterminé *au moment où l'option est exercée* et non au moment de son achat. Ce prix d'exercice est le cours de la devise qui est le plus favorable à l'acheteur de l'option pendant la durée de vie de l'option.

Pour une option d'achat, ce sera donc le cours le plus faible qui aura été enregistré pendant la vie de l'option, et pour une option de vente, ce sera le cours le plus élevé.

Les options de « seconde génération », en tentant de réduire la prime de l'option, sont des produits « sur mesure ». La liquidité de ces options est donc plus faible que celle des options standardisées ou des options classiques. De plus, comme il n'y a pas de base de données officielles, se pose un problème de référence des cours.

SECTION 9 • LES OPTIONS SYNTHÉTIQUES

Les options permettent d'établir des positions analogues à celles observées sur le marché comptant ou sur le marché à terme. On les appelle positions courtes ou positions longues « synthétiques ».

> Par exemple, l'achat d'un call et la vente d'un put, qui sont basés sur une anticipation de hausse de la devise sous-jacente, donnent un résultat identique à l'achat à terme de la devise.
> L'achat d'un put et la vente d'un call, qui sont basés sur une anticipation de baisse de la devise sous-jacente, donnent un résultat identique à la vente à terme de la devise.

Les marchés de gré à gré d'options de devises offrent aux entreprises une très grande flexibilité, à la différence des opérations sur le marché des changes à terme et le marché des futures qui fixent un prix futur, mais qui ne permettent pas de bénéficier d'une évolution favorable. Les combinaisons d'options sont très variées et permettent de jouer sur des paramètres comme le choix du prix d'exercice et de fixer ainsi son degré de risque accepté. Il s'agit bien de couverture « sur mesure ». Mais cette couverture réclame aussi une surveillance attentive.

ANNEXE 1. – LES MESURES DE SENSIBILITÉ ASSOCIÉES À LA PRIME DES OPTIONS

La prime de l'option d'achat est représentée par la courbe du graphique 1.
Les mesures de sensibilité associées à la prime des options sont le delta et le gamma.

I – LE DELTA

A. Le delta ou ratio de couverture

Le delta d'une option mesure la variation de la prime consécutive à une variation du prix de la devise. Il indique de combien le prix d'une option change quand le sous-jacent varie d'une unité.

> Le delta de l'option représente la probabilité que l'option soit dans la monnaie à l'échéance, c'est-à-dire la probabilité qu'elle soit exercée. Cette probabilité est évidemment affectée par la durée restant à courir jusqu'à l'échéance ainsi que par la volatilité de la devise.

Il mesure le risque que supporte la position en fonction de la variation des cours.

B. Delta des calls et delta des puts

Le delta d'une option est compris entre – 1 et + 1. Il augmente quand l'option est davantage dans la monnaie et diminue quand l'option est davantage hors la monnaie. Le delta d'une option à la monnaie ou à parité est égal à 0,50.

a) Delta des calls

Plus un call est *in the money* et plus le delta du call tend vers 1.
Plus un call est *out of the money* et plus le delta du call tend vers 0.
Le delta d'un call *at the money* est égal à 0,5. Cela correspond à la plus grande valeur temps.

b) Delta des puts

Les puts varient en sens contraire du prix de la devise.
Le delta d'un put est négatif. Il varie de – 1 à 0.
Le delta d'une position varie en même temps que le cours de la devise évolue et que l'on se rapproche de la date d'expiration.

> Pour conserver le delta que l'on s'est fixé, il est nécessaire de réviser sa position. Le delta d'une option à parité est très sensible aux variations du cours de la devise.

C. Exemple de calcul

Une option d'achat USD / FRF a les caractéristiques suivantes :
– Montant   : 1 000 000 USD
– Prix d'exercice : 5,50 FRF
– Prime   : 0,165 FRF par dollar (soit 3 %)
– Durée   : 6 mois

Supposons que lorsque le cours du dollar passe de 5,5000 FRF à 5,5200 FRF, la prime de l'option passe à 0,175 FRF. Cela signifie que le delta ∂ de l'option est égal à :

$$\frac{0{,}175 - 0{,}165}{5{,}52 - 5{,}50} = 0{,}5.$$

Ainsi, pour chaque variation de 2 centimes du cours, il y a une variation de 1 centime de la prime ou, plus généralement, une variation d'un centime de cours entraîne une variation de 0,5 centime de la prime.

D. L'intérêt du delta

> Le delta ou ratio de couverture est le montant de devises (en pourcentage de la position) qui doit être détenu par le vendeur de l'option pour couvrir sa position en options.

Si le vendeur a vendu une option d'achat de 1 000 000 USD et si le delta de cette option est de 0,5, il lui suffira de détenir 500 000 USD (soit la moitié du montant de l'option) pour ne pas courir de risque sur cette option. En effet, si le dollar passe de 5,50 FRF à 5,52 FRF, il y a un gain de 0,02 FRF par dollar sur 500 000 USD (soit 10 000 FRF), mais dans le même temps une perte car la prime de l'option augmente de 0,01 FRF par dollar (soit 1 000 000 x 0,01 = 10 000 FRF).

> Chaque fois que le cours change, le delta varie, c'est pourquoi il faut en permanence ajuster sa couverture lorsqu'on est vendeur d'options pour ne pas courir de risques.

La connaissance du delta, ∂, de la position est nécessaire pour les stratégies de couverture. La stratégie de couverture appelée *couverture en delta neutre* est la stratégie qui consiste à s'assurer que toute variation de sa position cash sera compensée par une variation, opposée et de même importance, de sa position sur le marché des options. La position globale est ainsi indépendante de l'évolution du cours de la devise.

Graphique 1
Prime et delta d'une option d'achat

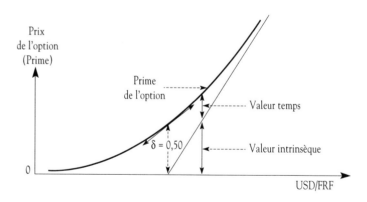

Si un trésorier a une position longue en dollars, il peut acheter, pour se couvrir, un put dollars, mais il peut aussi vendre des calls dollars, qu'il rachètera moins cher en cas de baisse du dollar. Le nombre de calls à vendre doit être égal à un montant égal à 1/d fois la position à couvrir et il lui faudra ajuster le delta pendant toute la durée de vie de l'option.

Le delta mesure le risque que supporte la position en fonction de la variation des cours.

II – Le gamma

Le gamma mesure la rapidité de variation du delta lorsque le prix du sous-jacent varie d'une unité. Le gamma d'une option mesure la variation du delta consécutive à une faible variation du cours C du contrat sous-jacent.

On a
$$G = d\partial/dC.$$

III – Le thêta

Le thêta mesure le taux auquel la valeur d'une option décroît à mesure que le temps passe.

IV – Le véga

Le véga est une variable qui mesure le changement net d'une prime d'option consécutive à une variation de 1 % de la volatilité, basé sur le prix actuel de l'option. Un véga de 0,1 pour cent signifie que la prime changera de 0,1 % étant donné une variation de 1 % de la volatilité.

ANNEXE 2. – Les modèles d'évaluation d'options de devises

Il existe plusieurs modèles d'évaluation qui tiennent compte de différentes variables : valeur temps, valeur intrinsèque, volatilité.

Les modèles théoriques ne donnent certes pas le cours d'une option à un moment déterminé, mais comme les traders s'y réfèrent, les cours des options tendent à s'en rapprocher.

Plus le cours des devises est volatil et plus la probabilité que l'option pourra se trouver dans la monnaie est grande et plus le prix de l'option sera élevé.

I. Le modèle de F. Black et M. Scholes

Le modèle de Black et Scholes concerne l'évaluation des options sur actions. La base de leur théorie est en fait assez simple. Ils ont montré qu'il était possible de dupliquer une option d'achat en
– achetant l'action sous-jacente,
– et en empruntant l'argent.

De cette constatation, il découle que, contrairement à ce que l'on pourrait penser, le prix de l'option ne dépend pas du mouvement du prix attendu de l'actif sous-jacent.

Les hypothèses sont les suivantes :
– les cours des actions suivent une marche aléatoire ;
– les variations en pourcentage du prix des actions sous-jacentes sont distribuées selon une loi normale ;
– les changements des prix des actions suivent une loi lognormale [1].

---

[1]. La distribution lognormale permet des mouvements de prix plus élevés à la hausse qu'à la baisse du produit sous-jacent. En d'autres termes, un call avec un prix d'exercice de 110 a une plus grande espérance de hausse qu'un put de 90, lorsque le cours du sous-jacent est de 100. Ce qui ne serait pas le cas si la distribution des cours suivait une loi normale, auquel cas le call de 110 et le put de 90 auraient eu la même valeur, puisque la même espérance de variation de cours.

II. Le modèle d'évaluation de Garman et Kohlhagen

Le modèle d'évaluation de Black et Scholes, développé pour les options européennes sur actions, a été adapté aux options de devises par Garman et Kohlhagen. Il tient compte du fait que les options de devises doivent intégrer le taux d'intérêt domestique et le taux d'intérêt de la devise étrangère et que la devise étrangère peut être en report ou en déport.

Ce modèle est représenté par la formule suivante :

$$P_a = e^{-it} C N(d_1) - e^{-rt} E N(d_2)$$

où

- P_A : prix de l'option d'achat de devises ou prime
- C : cours de la devise
- E : prix d'exercice
- t : durée avant l'échéance, exprimée en années,
- e : base des logarithmes (2,71828)
- $N(d_1)$ et $N(d_2)$: valeurs de la fonction de densité normale cumulative, trouvée dans les tables de distribution normale
- Var : variance des cours de change annuels composés
- i : taux d'intérêt étranger sans risque
- r : taux d'intérêt domestique sans risque
- d : différentiel de taux d'intérêt sans risque (taux domestique moins taux étranger pour des dépots de durée comparables)

$$d_1 = \frac{\ln(CT/E) + (d + Var/2)\, t}{\sigma \sqrt{t}}$$

$$d_2 = d_1 - \sigma \sqrt{t}.$$

Dans la pratique, il suffit de rentrer les variables dans l'ordinateur pour avoir le résultat de la formule.

D'autres modèles d'évaluation ont été élaborés :
– le modèle de Leland tient compte des coûts de transaction,
– le modèle de Cox, Ross et Rubinstein tient compte des possibilités d'exercice de l'option avant l'échéance, ce qui correspond aux options américaines.

Dans les banques sont utilisés des modèles qui s'inspirent du modèle de Garman et Kohlhagen.

III. Relation entre le prix d'une option d'achat de devises et d'une option de vente de devises

---

L'achat d'une option d'achat et la vente d'une option de vente de mêmes caractéristiques équivalent à un achat à terme.

De même, la vente d'une option d'achat et l'achat d'une option de vente de mêmes caractéristiques équivalent à une vente à terme.

À l'échéance, une seule des options sera exercée, l'autre option ne présentant pas d'intérêt ne sera pas exercée. En effet, puisque les options ont le même prix d'exercice et la même durée, l'une dans le sens vendeur de la devise, l'autre dans le sens acheteur, une seule option sera intéressante à l'échéance. Donc, quel que soit le cours de la devise à l'échéance, l'achat d'une option de vente et la vente d'une option d'achat au même prix d'exercice reviennent à vendre les devises au cours à terme.

LES MARCHÉS DÉRIVÉS DE DEVISES

On démontre que l'équilibre sur le marché est obtenu lorsque le prix d'exercice augmenté de la différence entre la prime d'option d'achat et la prime d'option de vente actualisée est égal au cours à terme :

$$E + (Pa - Pv)\left(1 + \frac{rt}{360}\right) = CT,$$

ou, en d'autres termes, que la différence entre les primes d'achat et de vente est égale à la différence entre le cours à terme et le prix d'exercice actualisée :

$$PA - PV = \frac{CT - E}{1 + \frac{rt}{360}}$$

où
- E : prix d'exercice
- PA : prime de l'option d'achat
- PV : prime de l'option de vente
- r : taux d'intérêt domestique
- t : durée de l'option

Exemple

Une option d'achat de devises USD/FRF à 6 mois, pour un prix d'exercice de 5,7500 FRF, qui est le cours comptant est cotée 4,31%.
Le taux d'intérêt sur le franc à 6 mois est de 9,5 %. Le cours à terme USD/FRF 6 mois est 5,8650.
Le prix de l'option de vente peut être estimé ainsi :

$$Pa - Pv = \frac{5,8650 - 5,7500}{1 + \frac{0,095 \times 6}{12}}$$

PA – PV = 0,1098.
PA en valeur absolue est égale à

$$5,7500 \times 4,31\% = 0,2478$$

D'où

$$PV = 0,2478 - 0,1098 = 0,1380$$

en pourcentage

$$PV = 0,1380 / 5,75 = 2,40\%.$$

IV. L'ÉVOLUTION DU PRIX DE L'OPTION

Comment le prix de l'option varie-t-il par rapport aux fluctuations de prix des contrats de devises sous-jacent ?
Généralement, les changements de prix des futures entraînent un changement plus faible du prix de l'option.
Plus la valeur intrinsèque représente une part importante du cours de l'option et plus le prix de l'option sera sensible à une fluctuation de cours du futur changeant. Plus c'est la valeur temps qui représente une part importante de l'option et moins l'option sera sensible à une fluctuation du prix du future.

CHAPITRE 8

Les marchés organisés d'options de devises

Les marchés organisés d'options de devises se sont développés après les options sur actions. En 1982, les Bourses de Montréal et Philadelphie ont introduit les contrats d'options standardisés de devises. Ensuite, le Chicago Mercantile Exchange de Chicago, le LIFFE de Londres, le Sydney Futures Exchange, le MATIF et d'autres ont suivi.

Il existe deux catégories d'options sur les marchés organisés :

– les options sur la devise « physique » (*options on cash currency* ou *options on spot*). Les options d'achat de devises donnent à l'acheteur le droit — et non l'obligation — d'acheter ou de vendre la *devise* au comptant jusqu'à l'échéance à un cours convenu. L'acheteur reçoit alors immédiatement la devise étrangère.

Le marché le plus important d'options sur devises est celui de Philadelphie. Des marchés d'options sur devises fonctionnent à Amsterdam (dollars contre florins et livres contre florins), à Londres (dollars contre livres et dollars contre marks) et à Paris, sur le MATIF, depuis le 20 mai 1994 ;

– les options sur futures (*options on currency futures*) sur l'IMM de Chicago, à Singapour (options sur contrats de dollars canadiens, deutschemarks et yens japonais) et en Nouvelle-Zélande (options sur contrats de dollars néo-zélandais), etc.

Les options sur futures donnent à l'acheteur le droit d'acheter ou de vendre un contrat de future de devises à une date future à un cours déterminé.

Le volume traité sur ces marchés ne cesse de croître ; cependant, il est de loin inférieur aux marchés d'options de gré à gré, qui offrent des choix plus nombreux.

Ce chapitre examine successivement l'importance de ces marchés organisés d'options (Section 1), les intervenants sur ces marchés organisés (Section 2), les caractéristiques de ces marchés (Section 3), la cotation des options (Section 4), les options sur futures de devises (Section 5). Une comparaison est ensuite effectuée entre les options des marchés de gré à gré et des marchés organisés (Section 6).

SECTION 1 • L'IMPORTANCE DES MARCHÉS ORGANISÉS D'OPTIONS

Les banques sont très actives sur les marchés organisés d'options. Après les États-Unis, la France connaît la plus forte activité sur ces marchés organisés (Tableau VIII-1).

Tableau VIII-1

Volume des transactions sur les marchés organisés d'options par pays Moyenne quotidienne

(en millions de dollars)

Royaume-Uni	126,4
États-Unis	4 761,5
Suisse	21,0
France	289,7
Canada	28,0
Suède	43,5
Pays-Bas	1,0
Belgique	2,1
Italie	2,0
Luxembourg	8,7
Espagne	14,9
Irlande	3,5
Norvège	12,1

Source : Banque des règlements internationaux, 1993.

Le nombre annuel de contrats d'options de change sur les marchés organisés est passé de 20,7 millions en 1989 à 23,8 millions en 1993.

LES MARCHÉS ORGANISÉS D'OPTIONS DE DEVISES

SECTION 2 • LES INTERVENANTS SUR LES MARCHÉS ORGANISÉS D'OPTIONS

Sur les marchés organisés d'options, on trouve
– les brokers ou courtiers,
– les entreprises,
– les banques qui sont très actives sur les marchés organisés pour couvrir leurs positions ouvertes sur les marchés de gré à gré.

SECTION 3 • LES CARACTÉRISTIQUES DES OPTIONS DE DEVISES STANDARDISÉES

Sur tous les marchés, on peut acheter ou vendre des calls ou des puts. Comme les contrats de futures, les contrats d'options sont standardisés, ce qui augmente la transparence du marché.

Les calls et les puts sont des contrats séparés. Pour chaque achat d'un call, il y a un vendeur de call. Et il en est de même pour les puts.

Les options sur devises physiques sont les plus courantes sur les marchés européens (Londres, Amsterdam, Paris) et sont aussi traitées à la Bourse de Philadelphie. Elles sont de type américain à Londres et à Amsterdam, c'est-à-dire exerçables à tout moment pendant leur durée de vie, à la différence des options traitées entre les banques, qui sont de type européen. Sur le MATIF, les contrats sur devises sont de type européen, c'est-à-dire exerçables à l'échéance.

I - LES DEVISES TRAITÉES

Les options les plus traitées sur les marchés organisés sont les options deutschemarks/dollars, yens/dollars, livres sterling/dollars, dollars canadiens/dollars américains, francs suisses/dollars, francs français/dollars. Sur le MATIF, les contrats sont dollars/marks et dollars/francs français.

II - LA TAILLE DES CONTRATS

Le tableau VIII-2 (page suivante) indique la taille de contrats de devises sur plusieurs places. Les contrats sont standardisés. La taille des contrats d'options de Philadelphie est la moitié de ceux traités à Chicago.

Sur le marché de Philadelphie existent aussi des options européennes de
– GBP/DEM d'un montant de 500 000 GBP,
– DEM/JPY d'un montant de 1 000 000 DEM,
– GBP/JPY d'un montant de 500 000 GBP.

Tableau VIII-2
Taille des contrats d'options sur les marchés organisés

Philadelphia Board of Trade (options sur devises)	
Livres sterling	31 250 GBP
Deutschemarks	62 500 DEM
Francs suisses	62 500 CHF
Yens	6 250 000 JPY
Dollars canadiens	50 000 CAD
Francs français	250 000 FRF
Dollars australiens	50 000 AUD
Écu	62 500 Xec
European Options Exchange : Amsterdam (options sur devises)	
Florins néerlandais	10 000 NLG
Livres sterling	10 000 GBP
London Traded Options Market (options sur devises)	
Livres sterling	12 500 GBP
Deutschemarks	50 000 DEM
Marché international de France MATIF (options sur devises)	
Dollar/mark	100 000 USD
Dollar/FRF	100 000 USD
Chicago Mercantile Exchange CME (options sur futures de devises)	
Dollars australiens	100 000 AUD
Dollars canadiens	100 000 CAD
Livres sterling	25 000 GBP
Deutschemarks	125 000 DEM
Francs français	500 000 FRF
Francs suisses	125 000 CHF
Yens	12 500 000 JPY
Singapore International Monetary Exchange (options sur futures de devises)	
Dollars canadiens	50 000 CAD
Deutschemarks	125 000 DEM
Yens	12 500 000 JPY

III - Le prix d'exercice

Le prix d'exercice indique le prix auquel la devise doit être payée si l'option est exercée. Différents prix d'exercice sont indiqués. Lorsqu'une nouvelle option est cotée sur le marché, un certain nombre de prix d'exercice sont cotés entourant le prix du marché de la devise. Quand les cours augmentent ou diminuent, de nouveaux prix d'exercice de l'option sont cotés.

IV - LE PRIX DES OPTIONS DE DEVISES

Le prix des options de devises sur les marchés organisés est exprimé généralement en cents. Comme les contrats d'options sont standardisés, le montant global de la prime à payer est égal au produit de la prime indiquée par le montant unitaire du contrat (Tableau VIII-2).

Sur le marché de Philadelphie, si la prime cotée sur une option sur le franc est 0,06, la prime totale à verser sera égale à

$$250\ 000 \times 0,06 \text{ cent} = 150\ \$,$$

puisque le montant du contrat de Philadelphie est de 250 000 FRF.

Sur le MATIF, le montant unitaire des contrats est de 100 000 USD.

Comme la prime est exprimée en pourcentage, le prix total à payer en dollars est égal au produit du montant du contrat (100 000 USD) par le prix de l'option.

Si on veut connaître le prix en FRF ou en DEM, il suffit de multiplier ce total par le cours comptant du dollar en FRF pour le contrat d'option USD/FRF, ou par le cours comptant du dollar en DEM pour le contrat d'option USD/DEM.

Le prix d'une option est fonction, notamment, du temps restant à courir avant l'échéance, de la volatilité de la devise sous-jacente.

V - LES DATES D'ÉCHÉANCE

Chaque option de devise est introduite avec 1, 2, 3, 6 mois et parfois un an de date d'expiration. À Philadelphie ont été introduites des options de devises à long terme d'une durée de 18, 24, 30 et 36 mois, pour quelques devises. Les dates d'échéance sont généralement les mois de mars, juin, septembre, décembre. Les options d'achat et de vente peuvent être exercées jusqu'à leur date d'échéance.

Pour chaque date d'échéance, les primes sont cotées pour plusieurs prix d'exercice.

Depuis le 12 septembre 1994 ont été lancées à Philadelphie de nouvelles sortes d'options de change, les options virtuelles, qui ont des dates d'expiration à court terme : une ou deux semaines (expiration le lundi à 10 h 30). Ces options ne donnent pas lieu à livraison de devises, mais sont réglées à l'échéance par un paiement en liquide de la différence entre le prix établi en fixing et le prix d'exercice de l'option.

Ces options portent sur la parité dollar/mark et porteront ensuite sur la parité dollar/yen, dollar/livre sterling et dollar/franc.

Sur le MATIF, il y a trois échéances mensuelles et trois trimestrielles parmi mars, juin, septembre et décembre. Une nouvelle échéance est ouverte le premier jour de Bourse suivant la clôture d'une échéance.

VI - La liquidation

À l'échéance, après fixation du cours de référence, il y a exercice automatique des options dans la monnaie, sauf demande contraire. Sur le MATIF, l'exercice de l'option se traduit par la livraison d'USD contre FRF, par exemple, pour le contrat USD/FRF.

VII - Le dépôt de garantie et la Chambre de compensation

Pour participer à ce marché, il faut verser un dépôt de garantie (dépôt en espèces, nantissement de titres ou garantie bancaire). Lorsque la transaction est effectuée par un courtier, la Chambre de compensation débite le courtier de l'acquéreur du montant de la prime et le courtier du vendeur du dépôt requis. Des dépôts supplémentaires sont demandés au vendeur en cas d'évolution défavorable de la devise.

Le risque de contrepartie est, comme pour les futures de devises, avec la Chambre de compensation et non entre le vendeur et l'acheteur.

VIII - Les ordres d'achat et de vente d'options sur les marchés organisés

Les ordres d'achat et de vente d'options sur les marchés organisés sont transmis par l'intermédiaire des courtiers ou brokers. Ils peuvent être donnés à une banque qui transmet à un courtier.

Dans la quasi-totalité des cas, le client dénoue sa position sans exercer son option. Il passe au courtier un ordre de vente d'option s'il est détenteur de l'option ou inversement un ordre d'achat s'il est vendeur de l'option. Le courtier exécute la transaction et la Chambre de compensation solde la position en la transférant du courtier vendeur au courtier acheteur. Elle crédite le courtier du solde et celui-ci créditera à son tour son client.

SECTION 4 • LA COTATION SUR LES MARCHÉS ORGANISÉS

Les cotations d'options sur les marchés organisés sont données pour plusieurs prix d'exercice et pour plusieurs dates d'échéance. Les cotations sont données pour le marché de Philadelphie et sur le MATIF.

I - La cotation sur le marché de Philadelphie

> La prime est exprimée en cents pour une unité de devise étrangère, sauf pour le franc français (cotation en dixièmes de cents) et le yen (en centièmes de cents).

Une prime de 1 pour une option DEM représente un cent (0,01 USD) par DEM. Comme chaque option de DEM est pour 62 500 DEM, la prime totale est donc :

62 500 × 0,01 USD = 625 USD.

Une prime de 8 pour une option de livres correspond à un montant total de :

31 250 × 0,08 USD = 2 500 USD.

Les prix d'exercice cotés sont distants les uns des autres du même écart. Les écarts pour le franc sont de 5 dixièmes de cent. Le franc est coté contre dollar à 180, 185, 190, 195, 200 dixièmes de cent, c'est-à-dire que l'on peut acheter du franc contre dollar à 180, 185, 190, 195, 200 dixièmes de cent ou, ce qui revient au même, vendre du dollar contre franc à 5,5555 (1/0,18), 5,4054 (1/0,185), 5,2630 (1/0,19), 5,1282 (1/0,195), 5,0000 (1/0,20).

Pour les options livres/dollars, sur le marché de Philadelphie, les prix d'exercice sont cotés avec des écarts de 25 cents.

Tableau VIII-3
Cotation des options sur le marché de Philadelphie
Contrat de 31 250 GBP, en cents par unité

Option and underlying	Strike Price	Calls-last			Puts-last		
		Nov.	Dec.	Mar.	Nov.	Dec.	Mar.
162,01	152 1/2	r	10,55	r	r	r	r
162,01	155	r	r	r	r	r	1,05
162,01	157 1/2	5,00	r	r	r	r	1,50
162,01	160	2,18	3,95	r	r	0,70	r
162,01	162 1/2	1,08	r	r	0,43	r	r
162,01	165	r	1,79	2,50	r	r	r
162,01	167 1/2	r	r	2,18	r	r	r

Source : Wall Street Journal, 3 novembre 1994.

La lettre r indique qu'il n'y a pas eu de négociation sur ce contrat pour le jour de la cotation.

Dans la première colonne, le cours comptant du sous-jacent, c'est-à-dire de la devise correspondante, est exprimé en cents.

Le prix de l'option d'achat diminue à mesure que le prix d'exercice augmente. Inversement, le prix de l'option de vente augmente à mesure que le prix d'exercice augmente.

Cette prime dépend de l'offre et de la demande ainsi que des conditions du marché et des autres variables du marché. L'acheteur de l'option perd au maximum sa prime.

II - La cotation sur le MATIF

La prime des options de change USD/FRF et USD/DEM est cotée en pourcentage du nominal avec deux décimales, exceptionnellement avec trois décimales lorsque l'option a une très faible valeur temps ou pour les transactions très importantes (plus de 500 lots).

Les prix d'exercice de l'option de change USD/FRF sont exprimés en FRF avec deux décimales et des intervalles de 5 centimes (5,40 ; 5,45 ; etc.). Il y a au minimum onze prix d'exercice.

Les prix d'exercice de l'option de change USD/DEM sont exprimés en DEM avec deux décimales et des intervalles de 2 pfennigs (1,60 ; 1,62 ; 1,64 ; etc.). Il y a au minimum onze prix d'exercice.

SECTION 5 • LES OPTIONS SUR FUTURES DE DEVISES

> L'option d'achat sur future de devises donne à l'acheteur le droit — et non l'obligation — d'acheter le *contrat de future de devises correspondant* à un prix fixé (prix d'exercice) avant ou à la date d'expiration.
>
> L'option de vente sur future donne à l'acheteur le droit — et non l'obligation — de vendre le *contrat de future de devises* à un prix d'exercice donné, avant ou à la date d'expiration.

Depuis 1993, le Chicago Mercantile Exchange a lancé des contrats d'options sur futures FRF.

I - Le déroulement des opérations

Le client passe à un courtier, membre d'une bourse d'options, un ordre d'achat ou de vente d'un certain nombre d'options. Cet ordre peut également être donné à une banque qui transmettra au courtier. Le versement d'une couverture est demandé par le courtier. Cette couverture peut être effectuée sous forme d'espèces ou de nantissement de titres.

Le courtier exécute la transaction en Bourse et transmet l'information au système de traitement informatique, qui ajuste les ordres d'achat et de vente. Lorsque les ordres correspondent à ceux d'une autre contrepartie, le système accomplit automatiquement l'opération.

Le système de compensation procède au traitement comptable de la transaction.

A. Les droits de l'acheteur d'options sur futures

Lorsque l'option a été achetée, c'est-à-dire que la prime a été versée, trois possibilités s'offrent à l'acheteur :

– laisser l'option expirer sans l'exercer ;

– compenser l'option avant la date d'échéance en revendant l'option et en percevant la valeur de la prime cotée. La valeur de la prime peut être plus élevée que la prime payée et l'acheteur de l'option fera alors un bénéfice. Elle peut être plus faible et l'acheteur fera une perte. Si elle est identique au prix payé, il n'y a ni bénéfice, ni perte. La valeur de l'option dépend évidemment de l'évolution du future de devises sous-jacent ;

– exercer l'option : l'acheteur d'options est le seul à pouvoir exercer l'option. Pour exercer l'option, il doit notifier à son broker un jour de transaction. Il aura alors une position longue en contrat de futures (*call*) ou une position courte (*put*) au prix d'exercice le jour suivant. Il lui faudra alors verser un dépôt de garantie.

Cette troisième possibilité sera utilisée si l'acheteur de l'option veut prendre une position en future ou livrer, ou prendre livraison, d'une certaine quantité de contrats de devises.

B. Les obligations du vendeur de l'option sur future

Le vendeur de l'option (*option writer*) vend l'option qui permet d'ouvrir une position et a l'obligation de prendre la position opposée à celle de l'acheteur si l'option est exercée. Il reçoit la prime de l'option. Il prend le risque illimité d'être assigné et d'avoir une position en futures désavantageuse si le détenteur de l'option décide de l'exercer. Il encourt donc le même risque que l'opérateur en futures et doit verser un *dépôt de garantie*. Sa position est calculée chaque jour (*marked to market*) en fonction des évolutions du marché ; des dépôts supplémentaires doivent être versés en cas d'évolution défavorable de la devise. Le vendeur est en position courte. Pour liquider sa position courte, il lui suffit de se mettre en position longue en achetant un contrat de même type, de même prix d'exercice et de même échéance.

Le vendeur de l'option d'achat est prêt à prendre une position courte en future. Le vendeur de l'option de vente est prêt à prendre une position longue en future.

Les vendeurs d'options anticipent une stabilisation de la devise ou se couvrent en détenant des avoirs en devises, ou en ayant une position en future, en cash ou en options opposées. Ils peuvent alors compenser leurs pertes éventuelles par des gains sur l'autre position.

II - Le prix de l'option sur future

La prime est la valeur de marché. Les options sont généralement cotées en dollars ou en cents.

Chaque option couvre un future de devises et la variation minimale de prix (*tick*) est égale à celle du future correspondant.

Le prix d'une option d'achat de future augmente lorsque le prix du future correspondant augmente et inversement. Le prix d'une option de vente augmente lorsque le prix du future diminue et inversement.

III - Le prix d'exercice

Le prix d'exercice est le prix auquel on prendra une position de future si l'on exerce l'option. Les options d'achat et les options de vente sont assorties de différents prix d'exercice. Certains prix d'exercice sont supérieurs au cours du future correspondant, d'autres sont inférieurs. Quand le prix du future varie de façon sensible, on ajoute de nouveaux prix d'exercice. Quelquefois il y a quinze prix d'exercice cotés ou plus, pour les options sur le mark, par exemple.

IV - Les dates d'échéance

Les dates d'échéance sont indiquées pour plusieurs mois. Pour les options de janvier, février et mars, l'exercice de l'option entraînera une position de future pour la livraison de mars.

Quand le détenteur d'une option veut exercer son option, un vendeur du même type d'option est choisi au hasard pour être exercé. Le vendeur assigné reçoit une position en futures (courte pour une option d'achat, longue pour une option de vente) au prix d'exercice.

V - Exemple d'option sur futures

Un exemple illustrera le fonctionnement de ces options.

Une société américaine, le 1er juin, a exporté 125 000 DEM en marchandises en Allemagne, payables à trois mois en deutschemarks. Elle craint une baisse du deutschemark par rapport au dollar. Elle va se couvrir en achetant des options de vente qu'elle revendra trois mois plus tard.

Elle achète une option de vente à un prix de 0,025 USD/DEM pour un prix d'exercice 0,5900 USD. L'option de vente couvre un contrat de future pour une livraison de 125 000 DEM en septembre. En septembre, l'entreprise revendra l'option de vente et échangera ses recettes perçues en DEM en USD.

a) Cas de baisse de valeur du DEM

Si la valeur du DEM a baissé, la vente de l'option, dont la valeur a augmenté, compensera une grande partie de la dette.

Tableau VIII-4
Fonctionnement des options sur futures de devises
Cas de baisse du deutschemark

Marché cash	Marché d'options sur futures de devises
1er juin	
Cours DEM/USD : 0,5880	Achat option de vente septembre à 0,025 USD par DEM
Recettes escomptées : 0,5880 × 125 000 = 73 500 USD	Prix d'exercice : 0,59
1er septembre	
Cours DEM/USD : 0,5700	Revente de l'option à 0,043 USD
Vente de 125 000 DEM à 0,5700 :	Gain sur l'option :
125 000 × 0,5700 = 71 250 USD	(0,043 USD − 0,025 USD) × 125 000
Perte par rapport aux recettes escomptées :	= 2 250 USD
(0,5880 USD − 0,5700 USD) × 125 000 = 2 250 USD	

b) Cas de hausse de valeur du DEM

Si la valeur du DEM a augmenté, les gains sur le marché cash compensent les pertes lors de la revente de l'option. En effet, dans ce cas, l'option n'a plus qu'une valeur temps puisqu'elle est hors monnaie et qu'elle se situe avant l'échéance. (Voir tableau VIII-5, page suivante.)

Tableau VIII- 5

**Fonctionnement des options sur futures de devises
Cas de la hausse du deutschemark**

Marché cash	Marché d'options sur futures de devises
_____ 1er juin _____	
Cours DEM/USD : 0,5880	Achat option de vente septembre à 0,025 USD par DEM
	Prix d'exercice : 0,59
_____ 1er septembre _____	
Cours DEM/USD : 0,61000	
Vente de 125 000 DEM à 0,620 :	
125 000 × 0,6120 = 76 500 USD	Revente de l'option à 0,002 USD
Gain par rapport aux recettes escomptées :	Perte sur l'option :
(0,6120 – 0,5880 USD) × 125 000 = 3 000 USD	(0,025 USD – 0,002) × 125 000 = 2 875 USD
Gain net : 3 000 USD – 2 875 USD = 125 USD	

SECTION 6 • COMPARAISON ENTRE LES OPTIONS DE CHANGE SUR LES MARCHÉS DE GRÉ À GRÉ ET SUR LES MARCHÉS ORGANISÉS

Les caractéristiques des options sur les marchés de gré à gré ont montré que ces options sont adaptées quant au montant, à la date et aux prix d'exercice aux besoins des clients des banques. Les options sur les marchés organisés sont standardisées, mais elles ont un marché plus liquide dans le cas de revente de l'option, alors que sur les marchés de gré à gré, il n'y a pas de marché secondaire. Le tableau VIII-6 (page suivante) compare les options de change sur les marchés de gré à gré et sur les marchés standardisés.

Tableau VIII-6
Tableau comparatif des options de change sur les marchés standardisés et sur les marchés de gré à gré

	Marchés standardisés	Marchés de gré à gré
Volume du contrat	Standardisé	Négocié
Date d'échéance	Standardisée	Négociée
Mode de transaction	Sur le marché	Banque et client ou banque et banque
Marché secondaire	Continu	Possibilité seulement de revendre à la banque
Commission	Négociable	Négociable, mais souvent incluse dans la prime
Participants	Membres de la Bourse	Banques, entreprises et institutions financières

Les options sur les marchés de gré à gré et sur les marchés standardisés sont utilisées dans les mêmes circonstances lorsque la volatilité des cours est importante et lorsque l'on anticipe une évolution favorable de la devise ou lorsque les cash flows sont incertains. Cependant, les options standardisées sont moins flexibles que les options sur les marchés de gré à gré. La date d'échéance diffère souvent de la date jusqu'à laquelle la couverture est requise et les montants ne correspondent pas exactement au montant à couvrir. Ces limites expliquent pourquoi les entreprises recourent surtout aux options sur le marché de gré à gré. En revanche, les marchés organisés d'options sont très utilisés par les banques. Celles-ci peuvent vendre ainsi des options à leurs clients sans supporter le risque d'une position non couverte et en prenant une marge par rapport à l'option standardisée. Couvrir une option par une option permet une bonne compensation et la génération d'un profit si les options sont bien choisies. Les marchés organisés d'options et les marchés de gré à gré sont en fait complémentaires.

CHAPITRE 9

Les marchés de swaps ou de contrats d'échanges de devises

Le marché des swaps ou de contrats d'échanges de devises a connu une très vive expansion au cours des dix dernières années. C'est le second marché en importance après le marché des changes au comptant. Les swaps de devises ont succédé aux prêts parallèles qui s'étaient développés dans les pays qui connaissaient un contrôle des changes. Dans les prêts parallèles, deux parties situées dans des pays différents se consentaient des prêts d'égale importance et de même durée, chacun libellé dans la devise du prêteur. Les prêts initiaux étaient effectués au cours spot et les remboursements ainsi que les flux d'intérêt tenaient compte du cours à terme. Ces prêts parallèles présentaient plusieurs inconvénients : tout d'abord, le défaut de paiement d'une partie ne libérait pas l'autre partie de ses obligations de paiement. Ensuite, malgré la compensation des prêts, ils figuraient au bilan des entreprises.

Les swaps de devises présentent des ressemblances avec les swaps de change à terme, mais ces derniers s'effectuent à des taux de change différents et il n'y a pas de paiements d'intérêts échangés. De plus, ces swaps de change ont des durées inférieures à deux ans, à la différence des swaps de devises qui ont des durées plus longues.

Ce chapitre examine successivement les différents types de swaps de devises (Section 1), indique les participants aux marchés de swaps (Section 2), les caractéristiques des swaps (Section 3), décrit le déroulement des opérations (Section 4), la cotation et le coût des swaps (Section 5) et enfin montre leurs intérêts (Section 6).

SECTION 1 • LES DIFFÉRENTS TYPES DE SWAPS DE DEVISES

On distingue :
- les swaps de devises à taux fixe,
- les swaps de devises et de taux.

I - LES SWAPS DE DEVISES À TAUX FIXE

> Un swap de devises (*currency swap*) est un engagement de gré à gré par lequel deux contreparties échangent des flux financiers libellés dans deux devises différentes et avec des taux d'intérêt fixes.

Un swap de devises est la combinaison simultanée d'une vente au comptant de devises et d'un achat à terme d'un même montant de devises. Cette double opération n'entraîne pas de risque de change.

Au début du contrat d'échange, les contreparties échangent des montants spécifiques de devises différentes. Ensuite, elles règlent les intérêts selon un schéma déterminé. Généralement d'ailleurs, seul le taux du swap, qui représente la différence entre le cours au comptant et le cours à terme, est payé. Enfin, elles remboursent le principal à la fin du swap.

Dans certains cas, le montant de devises peut être notionnel, c'est-à-dire qu'il n'y a pas d'échange physique du montant principal.

> Un swap de devises permet de substituer un endettement libellé dans une devise à taux fixe à un endettement libellé dans une autre devise à taux fixe. Il permet de tirer parti de différences d'intérêt existant sur des marchés segmentés.

Les entreprises peuvent ainsi changer la structure en devises de l'actif ou du passif de leur bilan.

II - LES SWAPS DE DEVISES ET DE TAUX

On distingue les swaps de coupon et les swaps de base.

A. Les swaps de coupon

> Un swap de devises et de taux (*currency coupon swap*) est un engagement de gré à gré par lequel deux contreparties échangent des flux financiers libellés dans deux devises différentes et avec des taux différents, l'un fixe et l'autre flottant.

Cela revient à la combinaison d'un swap de taux et d'un swap de devises.

Un swap de devises et de taux permet aux emprunteurs (ou aux prêteurs) d'emprunter (ou de placer) sur un marché dans une devise et d'échanger une structure de taux d'intérêt contre une autre (taux fixe contre taux variable ou inversement) ou même d'échanger le principal et les intérêts d'une devise dans une autre devise.

Une entreprise peut échanger des dollars à taux fixe contre des marks à taux variable. Ce type de swap entraîne des paiements d'intérêts à taux fixe et des paiements d'intérêts à taux variable.

Ces swaps sont les plus fréquents.

B. Les swaps de base

Dans les swaps de base, il y a échange de devises taux variable contre taux variable, par exemple LIBOR USD 6 mois contre LIBOR DEM 6 mois. Ces swaps sont plus rares.

SECTION 2 • LES PARTICIPANTS AUX SWAPS

Les participants aux marchés des swaps sont :
– les institutions financières, essentiellement les banques,
– les grandes entreprises,
– les organismes supranationaux et les institutions du secteur public

I - LES INSTITUTIONS FINANCIÈRES

Les institutions financières jouent un rôle important dans les opérations de swaps. Elles vont déterminer la structure de l'opération et le prix du swap. L'institution financière peut remplir un des rôles suivants :

Le rôle de *broker* ou courtier (Graphique IX-1) : l'institution financière n'est pas alors partie au swap : elle doit rechercher les contreparties, faciliter les négociations tout en préservant l'anonymat des parties pendant les négociations.

Graphique IX-1
Rôle de broker de l'institution financière dans un swap

Le rôle de *contrepartie* (Graphique IX-2) : la banque doit alors assumer les risques : risque du crédit, risque du marché, risque de livraison, risque de mismatch, etc. La plupart des swaps ont pour contrepartie une banque.

Graphique IX - 2
Rôle de contrepartie d'une banque dans un swap

Lorsque la banque est contrepartie à un swap, elle essaie d'arranger un autre swap avec des caractéristiques symétriques avec une autre société de façon à équilibrer les flux et diminuer son risque. Ainsi, si elle a contracté un swap yens-francs à taux fixe avec une société française, elle essayera de trouver une société japonaise qui voudra un swap francs-yens à taux fixe de même montant et pour la même durée.

Le rôle d'*intermédiaire* (Graphique IX-3) : la banque joue alors à la fois le rôle de contrepartie et de broker.

Graphique IX-3
Rôle d'intermédiaire d'une banque dans un swap

Lorsque la banque est contrepartie ou intermédiaire, elle fait appel aux techniques de couverture adéquates. Pour couvrir sa position, la banque est souvent amenée à recourir à plusieurs contreparties et à des montages complexes.

Les marges sur les swaps ont beaucoup diminué. Elles sont plus faibles pour les devises les plus traitées. Selon les devises impliquées dans le swap, la banque peut gagner 5 à 12 points de base par an. Si la banque agit en tant que broker, elle peut gagner un point de base actualisé par contrepartie.

II - Les entreprises

Les entreprises qui peuvent aller sur le marché des swaps sont des multinationales, mais aussi des grandes et moyennes entreprises ayant une très bonne notation (A au moins). Les entreprises publiques comme la SNCF, EDF, GDF recourent souvent aux marchés de swaps pour obtenir des taux d'intérêt plus intéressants. En mai 1994, par exemple, la SNCF a émis un emprunt de 150 milliards de lires italiennes sur le marché international des capitaux qu'elle a échangées par un contrat de swap à une entreprise américaine contre des francs français.

III - LES ORGANISMES SUPRANATIONAUX ET LES GOUVERNEMENTS

La Banque européenne d'investissements, la Banque mondiale, les États recourent souvent aux swaps de devises et aux swaps de devises et taux.

IV - LES INSTITUTIONS DU SECTEUR PUBLIC

D'autres organismes vont aussi sur ce marché. Ainsi, en mai 1992, le département de l'Essonne a lancé une émission en yens 4,8 milliards de yens (environ 200 millions de francs) sur le marché japonais. Cette émission d'une durée de dix ans sera amortie *in fine* à raison de 50 % en 2001 et 50 % en 2002. Elle est assortie d'un taux de 6,10 %, qui revient après swap, à PIBOR 6 mois plus 20 points de base.

SECTION 3 • LES CARACTÉRISTIQUES DES CONTRATS DE SWAPS

Il existe plusieurs types de contrats de swaps. Les plus courants sont le contrat ISDA (International Swap Dealers Association) créé par des professionnels, le contrat AFB (Association française des banques) en France, le contrat anglais BBA (British Bankers Association).

On distingue
– les swaps preneurs de devises. Dans les swaps preneurs de devises il y a au départ, pour le preneur de devises, achat de dollars par exemple et vente de francs français et, à l'échéance, vente de dollars et achat de francs français ;
– les swaps offreurs de devises. Dans les swaps offreurs de devises il y a au départ, pour l'offreur de devises, vente de dollars par exemple et achat de francs français et, à l'échéance, vente de francs français et achat de dollars.

Les caractéristiques d'un contrat d'échange de devises sont les suivantes :

• *Le montant du contrat*

La taille minimale d'un contrat d'échange est de l'ordre de 5 millions de dollars ou la contre-valeur en d'autres monnaies. La moyenne des swaps est de 28 millions de dollars (World Financial Markets). Mais il y a des swaps de l'ordre de 250 à 350 millions de dollars, notamment dans le cas d'euro-obligations swappées.

• *La date de prise d'effet*

• *Les devises retenues*

Le tableau page suivante (Tableau IX-1) donne la répartition en volume des contrats d'échanges de devises.

Tableau IX-1
Swaps de devises
(en milliards de dollars)

Devise	Montant
Dollar	308,9
Yen japonais	83,4
Deutschemark	72,5
Livre sterling	41,6
Franc suisse	23,5
Dollar canadien	15,8
Franc français	13,9
Dollar australien	11,4
ÉCU	10,8
Autres devises du SME	30,6
Autres devises	25,6

Source : Banque des règlements internationaux, mars 1993

Le dollar est impliqué dans 95 % des contrats d'échange. Les swaps dollar/yen représentent 25 % du total des swaps et les swaps dollar/deutschemark représentent environ 20 % du total. Les banques belges sont très actives dans les swaps qui impliquent l'écu.

- *La durée du swap*

Elle va de 2 à 10 ans. Pour les durées longues, les conditions des swaps sont plus intéressantes que les contrats de change à terme.

Les swaps d'une durée inférieure ou égale à 2 ans sont les swaps de trésorerie déjà étudiés.

- *Les taux retenus*

Les bases de taux doivent être précisées. Les choix de taux dépendent des anticipations de taux des entreprises.

- *La – ou les – dates de règlement des intérêts*

Versements d'intérêts sur base annuelle ou semi-annuelle.

Les opérations d'échanges de devises sont assez rapides à monter et les coûts de transaction sont relativement faibles. Elles peuvent être dénouées aussi rapidement en versant une pénalité qui est fonction de l'évolution des taux d'intérêt sur le marché, de l'évolution des cours de change et de la durée restant à courir.

SECTION 4 • LE DÉROULEMENT DES SWAPS

De façon générale, une entreprise domestique se verra offrir des capitaux à des conditions plus avantageuses sur son marché qu'une entreprise étrangère présentant la même solvabilité. S'il existe deux partenaires qui ont des besoins en capitaux symétriques, l'un dans une devise, l'autre dans une autre devise, un swap est alors possible.

I - Les différentes étapes d'un swap de devises à taux fixe

La société française Martin veut obtenir un financement en dollars, mais a des conditions d'emprunt moins bonnes sur le marché américain que la société Watson. La société Watson veut aussi obtenir un emprunt en francs français d'un montant équivalent. Les conditions sont données dans le tableau IX-2 ci-dessous.

Tableau IX-2
Conditions d'emprunt
(en %)

	Société Martin	Société Watson	Écart
Taux du dollar	7	6	1 %
Taux du FRF	9	9	0 %
Bénéfice d'écart de taux :			1 %

Les sociétés Martin et Watson peuvent se mettre d'accord pour effectuer un swap qui leur permette de diminuer le coût de leur endettement, en se partageant l'écart de taux de 1 %. Si cet écart est partagé également, elles diminueront chacune de 0,5 point le coût de leur emprunt.

La société Martin empruntera sur le marché français des francs à 9 %. La société Watson empruntera sur le marché américain un montant équivalent en dollars à 6 %.

Les sociétés procéderont à un échange du principal.

Les opérations se dérouleront en plusieurs étapes :

a) Échange du principal à un cours de change déterminé

La société Martin met à disposition de la société Watson des francs français contre une somme en dollars à un taux défini. Ce taux est généralement basé sur le cours moyen spot, moyenne du cours acheteur et du cours vendeur.

Graphique IX-4
Swap de devises. Taux fixe contre taux fixe

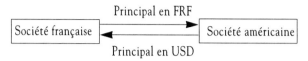

b) Paiement des intérêts durant toute la durée du swap

Les taux d'intérêt sont déterminés au début de la transaction. Les paiements d'intérêt se font à dates fixes (Graphique IX-5). La société française verse les intérêts en dollars à la société américaine et celle-ci verse des intérêts en francs français à la société française.

La société Martin versera 6 $^1/_2$ % d'intérêts en dollars à la société Watson, qui lui versera 9 % d'intérêts en francs français.

Le coût en francs français pour la société Watson sera de

$$9\ \% + 6\ \% - 6\ ^1/_2\ \% = 8\ ^1/_2\ \%.$$

Le coût en dollars pour la société Martin sera de

$$9\ \% + 6\ ^1/_2\ \% - 9\ \% = 6\ ^1/_2\ \%.$$

Graphique IX-5
Paiement des intérêts pendant le swap

Le bénéfice total retiré est bien égal à la différence des écarts : 1 %. Dans la pratique, les avantages retirés du swap dépendent de la force de négociation de chacune des parties.

c) Rééchange du principal à maturité

À maturité, la société Martin rembourse le montant en dollars à la société américaine Watson et, en échange, elle reçoit de la société Watson le capital en francs français versé au début du swap (Graphique IX-6).

Graphique IX-6
Remboursement du principal à maturité

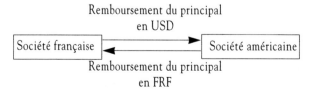

> Le swap a permis à la société française d'échanger une dette en francs à taux fixe contre une dette libellée en dollars à taux fixe. Le swap de devises est assez comparable à un contrat de change à long terme. Il peut s'analyser comme une combinaison prêt-emprunt. Les droits et obligations des contreparties sont connexes. Si l'une des parties est défaillante, l'autre est dégagée de ses obligations.

Par rapport à une opération de change à terme, l'opération de swap offre une plus grande flexibilité à la fois pour la détermination des intérêts, les dates d'échéance, la durée, etc.

En effet, si une entreprise française empruntait des dollars pour cinq ans et si elle voulait se couvrir contre le risque de change en dollars, il faudrait qu'elle effectue :

- quatre achats à terme de dollars pour payer les intérêts dus,
- un achat à terme pour couvrir le remboursement final ainsi que le dernier paiement d'intérêt,

c'est-à-dire qu'elle devrait passer cinq contrats à des cours à terme différents.

De plus, il faut noter que le swap est basé sur un cours moyen de la devise et non sur un cours acheteur et un cours vendeur. Donc, l'entreprise ne doit pas payer la marge du cours comptant.

Les cours à terme sont basés sur les taux de l'euro-marché alors que les emprunts directs sont basés sur les taux domestiques.

L'opération de swap pour la couverture à long terme apparaît beaucoup plus simple et mieux adaptée.

L'exécution des obligations de la société américaine est subordonnée à l'exécution des obligations de la société française et réciproquement. Il s'agit d'engagements conditionnels. Des pénalités sont prévues en cas de rupture du contrat.

Le swap de devises permet de tirer parti de différentiels de taux d'intérêt sur les devises pendant toute la durée du swap, alors que l'opération à terme ne permettrait pas de bénéficier (ou de pâtir) de l'évolution favorable (ou défavorable) de la devise.

II - Le déroulement d'un swap de devises et de taux

Les swaps de devises et de taux suivent le même déroulement des opérations, mais le taux d'intérêt est fixe sur une devise et flottant sur l'autre devise. Le taux fixe est donné pour toute la durée du swap, et le taux flottant est généralement recalculé tous les six mois. Il existe aussi des swaps de devises et de taux flottant contre taux flottant, mais ils sont plus rares.

Ainsi, si un emprunteur américain peut lever des capitaux à un taux fixe intéressant sur le marché américain, mais préférerait obtenir des yens à taux flottant, le marché des swaps peut le lui permettre, car il pourra trouver un emprunteur bien placé sur le marché japonais, qui pourra émettre un emprunt sur le marché japonais à taux flottant à des conditions intéressantes, mais qui préférerait disposer de dollars à taux fixe. Les deux emprunteurs pourront swapper leurs emprunts et retirer un gain de l'opération.

Exemple

La société américaine Wilson désire emprunter 550 000 000 FRF à taux variable. Après avoir emprunté 100 000 000 USD sur le marché américain à taux fixe, elle conclut un swap avec sa banque (Graphique IX-7).

À la date de conclusion du contrat, il y a échange de principal : la société Wilson verse à sa banque les 100 000 000 USD et reçoit les 550 000 000 FRF. (5,5000 est le cours spot.)

Pendant la durée de trois ans du contrat de swap, la société américaine versera du taux variable sur les francs français et la banque lui versera du taux fixe sur les dollars.

Il y aura aussi rééchange du principal à l'échéance au même taux de change.

Graphique IX-7
Swap de devises
Taux fixe contre taux variable

a) Conclusion du contrat

b) Pendant trois ans

c) Remboursement du principal

SECTION 5 • LA COTATION EN POINTS DES SWAPS

Le swap peut donner lieu à paiement mutuel des intérêts, ainsi que les exemples précédents l'ont montré, mais, dans la pratique, les swaps sont cotés en points.

Lorsque la devise étrangère est en report par rapport à la monnaie nationale, les points sont de report, dans le cas inverse, il s'agit de points de déport.

C'est l'entreprise qui emprunte la monnaie dont le taux d'intérêt est le plus faible qui rembourse à l'autre la différence d'intérêts perçus.

La cotation est illustrée par l'exemple suivant :

Une société française désire obtenir du dollar contre franc pendant un an. Les conditions du marché sont les suivantes :

USD/FRF : 5,5000 – 5,5100
i_{USD} : $6\,^3/_4 - 6\,^7/_8$ %
i_{FRF} : $8 - 8\,^1/_8$ %

Calcul des points de report

Le taux d'intérêt sur le dollar étant plus faible que le taux d'intérêt sur le franc, il s'agit de report du dollar par rapport au franc. Le différentiel de taux d'intérêt sera inclus dans le cours à terme.

– Points de report, si le dollar est vendu à terme contre franc français :

$$\frac{0,0800 - 0,06875}{1 + 0,06875} \times 5,5050 = 0,0519 \text{ soit 519 points.}$$

– Points de report si le dollar est acheté à terme contre franc français :

$$\frac{0,08125 - 0,06750}{1 + 0,06750} \times 5,5050 = 0,07090 \text{ soit 709 points.}$$

Le swap dollar franc cotera 519 – 709.

Le chiffre de gauche, 519, indique le cours du swap preneur. Il reflète la différence entre le taux auquel on emprunte le dollar et le taux auquel on place le franc français.

C'est-à-dire que le marché vend au comptant le dollar/franc français et l'achète à terme sur la base du comptant majoré de 519 points. Le marché achète au comptant le dollar /franc français et le vend à terme sur la base du comptant majoré de 709 points.

De façon générale, le taux du swap est calculé ainsi, en désignant par J le nombre de jours du swap :

$$\frac{\text{Cours comptant} \times (\text{Taux domestique} - \text{Taux étranger}) \times J}{36\,000 + (\text{Taux étranger} \times J)}$$

Pour choisir le taux d'intérêt adéquat, il faut bien savoir dans quelle monnaie on s'endette et dans quelle monnaie on effectue un placement.

SECTION 6 • LE COÛT DES SWAPS

Différents montages de swaps peuvent être conçus. À chacun d'entre eux est associé un coût. Ce coût est généralement composé d'un coupon et d'une commission (*front end fee*). Mais ces deux coûts sont associés pour donner le coût global du swap.

I - Les éléments du coût des swaps

Les coûts des swaps diffèrent selon l'état du marché, de la possibilité de trouver des contreparties, du taux de rendement pour rémunérer le risque encouru par la banque.

Les principales variables influençant le coût d'un swap sont :
– le différentiel de taux d'intérêt correspondant à la durée du swap,
– la disponibilité du financement sur les marchés,
– la fiscalité des pays,
– le taux de rendement requis de la banque.

Le spread demandé par les banques reflète les risques et les coûts pour « arranger » le swap et pour gérer les positions qui en résultent. Les risques entraînés par les swaps de devises sont plus importants que les risques impliqués par les swaps de taux, mais moins élevés que des prêts purs et simples. En effet, dans un swap de taux, il y a un risque de taux et pas de risque de principal, puisque les intérêts ne portent que sur un montant notionnel et qu'il n'y a pas d'échange de principal. Dans un prêt pur et simple, le risque de défaillance du client est très grave pour la banque qui ne récupère ni les intérêts, ni le principal. Dans un swap de devises, le risque est un risque de taux et un risque de change, c'est pourquoi l'écart achat-vente est plus élevé que pour un risque de taux. Il y a également un risque d'écart ou de *spread*, car il peut y avoir un mouvement adverse du *spread* du swap. Cet écart peut varier indépendamment des variations de change et de taux.

II - Comparaison du coût du swap avec d'autres techniques

Avant d'entrer dans un swap, les parties doivent comparer le coût du swap avec des techniques alternatives.

A. Swap d'une dette existante

Quand il s'agit d'une dette existante qui doit être swappée, on compare le coût du swap avec le coût d'un remboursement anticipé de la dette et le coût d'emprunt d'une autre devise.

B. Swap d'une dette nouvelle

Quand il s'agit d'une dette nouvelle, on fait la comparaison avec un financement additionnel de la devise.

SECTION 7 • LES INTÉRÊTS DES SWAPS

Les swaps de devises sont surtout utilisés pour couvrir le risque financier alors que le marché à terme est surtout utilisé pour couvrir le risque commercial. Plusieurs raisons justifient leur emploi par les entreprises, les banques, les gouvernements, etc.

I - LA DIMINUTION DU COÛT DES FONDS EMPRUNTÉS

Cette diminution peut s'expliquer par les inefficiences des marchés, la perception différente du risque par les investisseurs et du crédit des deux contreparties. De plus, les estimations des possibilités de crédit des emprunteurs peuvent être différentes selon qu'il s'agit des marchés bancaires ou des marchés obligataires.

Ces distorsions sont largement utilisées dans les swaps d'euro-obligations. Elles permettent aux entreprises de diminuer sensiblement le coût des capitaux empruntés, de l'ordre de 5 à 15 points de base par an.

II - LA COUVERTURE DU RISQUE DE CHANGE

Les sociétés qui ont des flux de devises à moyen et long terme recourent à la technique des swaps pour diminuer leur exposition au risque de change.

Ainsi, une entreprise qui vend sa production sur le marché local en monnaie locale, mais qui importe régulièrement des produits en devises étrangères peut conclure un accord de swap avec sa banque pour couvrir son risque de change à moyen ou long terme. En vendant la devise à terme contre la devise étrangère, une position de cash flow équilibrée est obtenue.

Graphique IX-8

Couverture de change par un swap de devises

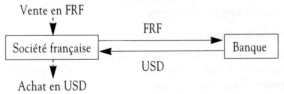

III - La diversification des devises du bilan

Les swaps de devises permettent de substituer un endettement libellé dans une devise à un endettement dans une autre devise. Cela permet à l'entreprise de réduire son risque de change, de même que l'augmentation du nombre d'actions d'un portefeuille diminue le risque du portefeuille. Cela s'explique, car les fluctuations des différentes devises ne sont généralement pas fortement corrélées.

IV - L'accès à de nouveaux marchés

Certains marchés ne sont pas facilement accessibles aux entreprises qui n'ont pas une notation suffisante. Le recours au swap leur permettra de lever des fonds sur un autre marché auquel elles ont accès et d'échanger ensuite contre une autre devise.

V - La durée des swaps

La durée moyenne des swaps est de cinq ans, mais elle peut atteindre quinze ans. Pour des durées longues, le marché des swaps est plus liquide que le marché à terme. Pour certaines devises, il n'y a pas de marchés à terme, ni de marchés liquides de capitaux à long terme. Les swaps sont la seule possibilité offerte pour se couvrir.

VI - Intérêt sur le plan comptable

Comme il s'agit d'engagements conditionnels, les swaps ne figurent pas dans le bilan, mais seulement au-dessous du bilan. Pour les swaps de devises qui représentent des opérations de couverture, il y a généralement enregistrement au bilan de l'emprunt dans la devise initiale et l'opération de swap est traduite dans la comptabilité « Engagements » comme un engagement réciproque de devises.

Les marchés de swaps se sont surtout développés à New York et Londres, mais ont gagné le Japon, les pays européens, l'Australie, etc. Les swaps permettent d'aller sur de nouveaux marchés de capitaux et de tirer avantage des produits nouveaux sans accroissement du risque. Ils ont conduit à une sophistication des techniques de gestion du risque et ont entraîné les sociétés sur les marchés internationaux de capitaux. Les gestionnaires, les gouvernements et institutions gouvernementales de même que les institutions financières utilisent les swaps de devises pour des financements qui réduisent les coûts d'emprunts et accroissent le contrôle des taux d'intérêt et du risque de change. Le Comité de Bâle a déterminé un « équivalent crédit » pour les produits hors bilan et notamment les swaps. Les banques doivent suivre l'évolution des contreparties avec lesquelles elles sont liées dans des produits dérivés ainsi que l'incidence sur leur ratio Cooke des positions créditrices cumulées. Les options sur swaps se développent également.

Au début, l'opération de swap ne pouvait se réaliser que lorsque la banque avait trouvé deux partenaires appropriés. Actuellement, les banques prennent des positions en compte propre, disposant ainsi d'un stock de swaps pouvant être revendus. Il existe, à côté du marché primaire des swaps, un marché secondaire actif. Ces marchés contribuent à une intégration plus grande des marchés financiers. Au cours des dernières années, le marché des euro-obligations s'est considérablement développé du fait des possibilités de swaps. Près des deux tiers des euro-obligations donnent lieu à swaps.

QUATRIÈME PARTIE

Les fluctuations et les prévisions de cours de change

LES FLUCTUATIONS ET LES PRÉVISIONS DE COURS DE CHANGE

La dernière partie de cet ouvrage présente les principaux facteurs affectant les cours de change et quelques théories classiques (Chapitre 10), mais ces théories n'ont qu'une valeur explicative partielle et il importe de s'intéresser également à certaines méthodes utilisées sur les marchés des changes pour tenter de mieux prévoir les variations de change (Chapitre 11).

CHAPITRE 10

Les facteurs affectant les cours de change

De nombreux facteurs ont une incidence sur les cours de change. Les économistes ont tenté d'expliquer les variations de cours et de les prévoir. De nombreuses théories ont été élaborées. Elles ne peuvent être exposées dans le cadre de cet ouvrage. Les variables les plus fréquemment prises en compte sont l'inflation, les taux d'intérêt, les déficits de la balance des paiements, les informations contenues dans les cours.

Au cours de ce chapitre sont examinées les théories les plus répandues. Les premières théories, élaborées dans un système de parités fixes des monnaies, concernent surtout le long terme et ont mis l'accent sur les échanges de biens et services. L'incidence de l'inflation et la théorie de la parité du pouvoir d'achat (PPA), énoncée par Ricardo, puis développée par Gustav Cassel en 1916, lorsqu'il a fallu déterminer les nouvelles parités des monnaies des pays belligérants font l'objet de la section 1. Les théories plus récentes sont davantage fondées sur le rôle des facteurs financiers dans la formation des cours. L'incidence des taux d'intérêt et la théorie de la parité des taux d'intérêt (PTI) sont examinées dans la section 2. La théorie de l'effet Fisher international (EFI) fait l'objet de la troisième section. La quatrième section est consacrée à la théorie de R. Dornbush, qui fait la synthèse entre les approches réelles et monétaires. Enfin, la question de l'efficience des marchés (EM) complète l'exposé de ces théories.

SECTION 1 • COURS DE CHANGE ET INFLATION : LA THÉORIE DE LA PARITÉ DES POUVOIRS D'ACHAT (PPA)

La théorie de la parité des pouvoirs d'achat est basée sur la loi de l'unicité des prix des produits. Si le même produit est vendu dans deux pays différents, et s'il n'y a pas de restriction aux mouvements de marchandises, et si l'on ne tient pas compte des coûts de transport, le prix du produit devrait être identique sur les deux marchés.

I - Exposé de la théorie

Le taux de change entre deux monnaies doit être égal au rapport des niveaux de prix dans les deux pays ou au rapport entre les prix de paniers de produits identiques dans les deux pays.

Le prix d'un produit en francs français multiplié par le cours de la devise devrait donner le prix du même produit en devises étrangères. Cette formulation de la théorie de la parité des pouvoirs d'achat est la version « absolue ».

Par exemple, si le prix d'un hamburger McDonald's en France est 12 francs français et si le cours du franc français en dollars est 0,1666 USD, le prix en dollars du hamburger McDonald's devrait se calculer ainsi :

$$12 \text{ FRF} \times 0{,}1666 = 1{,}99 \text{ USD}.$$

The Economist a lancé son indice « Big Mac » en se basant sur le prix d'un hamburger de MacDonald's dans différents pays pour déterminer si les devises sont évaluées à un taux « correct », limitant ainsi le panier de produits à un seul produit identique dans tous les pays.

La théorie de la parité des pouvoirs d'achat s'explique de façon simple : si dans un pays A, le taux d'inflation INF_A est supérieur au taux d'inflation du pays B, INF_B, les exportations du pays B vers le pays A se développeront puisque les prix des produits du pays B seront moins chers et les exportations du pays A vers le pays B diminueront. Cette évolution des flux d'échanges entraîne un déficit de la balance commerciale du pays A et donc une baisse de la valeur de la monnaie A par rapport à la monnaie B. Les cours de change devront alors s'ajuster pour que l'équilibre soit rétabli.

La théorie de la parité des pouvoirs d'achat est intéressante pour estimer la variation des cours de change comptant sur une période, en fonction des taux d'inflation anticipés dans les deux pays considérés.

Cette version « relative » de la théorie de la parité des pouvoirs d'achat stipule que les prix respectifs de deux monnaies évoluent en fonction de leur pouvoir d'achat.

Le cours comptant au temps t, CC_t doit être fonction du cours comptant au temps 0, CC_0 et des taux d'inflation pendant la période. Il devrait être, si les taux d'inflation sont respectivement INF_D et INF_E dans le pays domestique et dans le pays étranger et si la théorie de la parité des pouvoirs d'achat s'applique :

(1) $$CC_t = CC_0 \frac{1 + INF_D}{1 + INF_E}.$$

En supposant que les cours de change entre deux pays sont à l'équilibre, toute variation du différentiel d'inflation entre eux tend à être compensée dans le long terme par une variation d'importance égale, mais de sens opposé du cours de change comptant (Graphique X-1).

Si l'on part d'une situation d'équilibre 1 USD = 5,5000 FRF et si l'on anticipe un taux d'inflation de 4 % en France et de 3 % sur le dollar, on peut estimer, d'après la théorie de la parité des pouvoirs d'achat, que dans un an le cours comptant futur CC_t sera tel que :

$$5,5000 \text{ FRF } (1+ 0,04) = 1 \text{ USD } (1 + 0,03) ;$$

c'est-à-dire :

$$USD/FRF = 5,500(1,04)/(1,03) ;$$
$$USD/FRF = 5,5534.$$

En d'autres termes, le taux de dépréciation d devrait être :

(2) $$1 + d = (1+ INF_D)/(1+ INF_E) ;$$

(3) $$d = \frac{(1+ INF_D)}{(1+ INF\ E)} - 1 ;$$

(4) $$d = \frac{1 + 0,04}{1 + 0,03} - 1 = 0,97 \%.$$

De façon plus approximative, on peut estimer le taux de dépréciation par le différentiel de taux d'inflation anticipé entre les deux pays considérés.

$$d = 0,04 - 0,03 = 1 \%.$$

II - La réalisation de l'équilibre

D'après cette théorie, lorsque les prix des biens augmentent, par exemple au Royaume-Uni plus vite qu'en France, cela entraîne une demande en francs français et une vente de livres sterling. Le franc donc devient plus cher et on obtient une nouvelle parité GBP/FRF. Le taux de change s'ajuste de façon à maintenir la parité des pouvoirs d'achat.

III - Les limites de la théorie

Cette théorie soulève plusieurs questions.

La première question qui se pose est celle de savoir quelle est la détermination des cours de change. G. Cassel considérait que les prix des biens influençaient les cours de change. Certains auteurs, comme Einzig, considèrent que ce sont les cours qui influencent les prix. En fait, il semble que la détermination prix-cours soit simultanée.

La deuxième question a trait au choix de l'année de base à considérer. Logiquement, il faudrait partir d'une année d'équilibre.

La troisième question concerne l'indice représentatif des prix. On a longtemps utilisé l'indice des prix de gros. Or, seuls certains produits font l'objet de commerce international. La structure de l'offre et de la demande dans les différents pays peut être très différente, ainsi que leur pondération dans ces indices. De plus, on utilise les taux d'inflation réalisés alors qu'il faudrait utiliser les taux d'inflation anticipés.

Dans la pratique, la théorie de la parité des pouvoirs d'achat est un bon indicateur pour le long terme. Elle se vérifie mieux pour les pays qui ont des taux d'inflation élevés et pour les pays dans lesquels les marchés des capitaux ne sont pas très développés.

Dans le court terme, certains facteurs comme les droits de douane, quotas, restrictions de change, mouvements de capitaux, variables politiques et économiques, retardent son effet.

IV - Les indices de cours de change réels et nominaux

Il est intéressant de savoir comment une devise donnée varie par rapport aux autres devises afin de déterminer si, par rapport à la théorie de la parité des pouvoirs d'achat, elle est surévaluée ou sous-évaluée.

Le cours de change réel effectif d'une devise est un concept important pour prévoir les pressions à la hausse ou à la baisse sur la balance des paiements du pays et les cours de change.

Le cours de change réel CCR est calculé ainsi :

(5) $$CCR = CC_t \frac{1 + INF_E}{1 + INF_D}$$

avec
INF_E : taux d'inflation pendant la période dans le pays étranger,
INF_D : taux d'inflation pendant la période dans le pays domestique.

Si la théorie de la parité des pouvoirs d'achat s'applique, on a :

$$(6) \quad CC_t = CC_0 \frac{1 + INF_D}{1 + INF_E}.$$

Donc, en remplaçant CC_t par sa valeur, le cours de change réel devrait rester égal au cours comptant initial. Toute variation du cours de change réel par rapport au cours initial constitue une déviation par rapport à la théorie.

Exemple

Si le cours comptant DEM/FRF = 3,4100 et si, un an après, alors que le taux d'inflation en France est 3 % et le taux d'inflation en Allemagne 4 %, le cours comptant DEM/FRF = 3,4150, on peut calculer le cours réel du DEM/FRF.

$$CCR = 3,4150 \frac{1 + 0,04}{1 + 0,03}.$$
$$= 3,4481$$

Donc, le cours réel du DEM est surévalué par rapport au franc.

Le cours qui justifierait la théorie de la parité des pouvoirs d'achat serait :

$$3,4100 \frac{1,03}{1,04}$$

c'est-à-dire 3,3772.

La connaissance de la surévaluation ou de la sous-évaluation d'une devise est importante dans les décisions de gestion financière ou dans les décisions de constitution de portefeuilles internationaux de valeurs mobilières.

L'indice des cours de change réels est calculé et publié dans les journaux financiers (Indice Morgan Guaranty International).

Une baisse de cet indice traduit une amélioration de la compétitivité du pays, et inversement.

SECTION 2 • LA RELATION ENTRE LE TAUX D'INTÉRÊT ET LE TAUX D'INFLATION : L'EFFET FISHER

L'effet Fisher [1] stipule que le taux d'intérêt nominal i est égal au taux de rendement réel r augmenté du taux d'inflation anticipé a :

(7) $$i = r + a$$

où
i : taux d'intérêt nominal,
r : taux de rendement réel ou taux de rendement requis,
a : taux d'inflation anticipé pendant la période.

Les taux d'intérêt des marchés sont des taux d'intérêt *nominaux*. Ils expriment le taux d'échange entre une devise actuelle et une devise obtenue à une date future.

Le taux d'intérêt réel ou taux de rendement réel correspond à l'augmentation du pouvoir d'achat.

Comme tous les contrats financiers sont libellés en termes nominaux, le taux d'intérêt réel doit être ajusté pour tenir compte de l'inflation anticipée.

Si l'on applique l'effet Fisher à deux pays A et B

(8) $$INT_A = r_A + INF_A,$$

(9) $$INT_B = r_B + INF_B.$$

D'après Fisher, les taux de rendement réels dans les différents pays devraient tendre vers l'égalité. Cela devrait être obtenu grâce à des arbitrages.

À l'équilibre, on devrait donc avoir $r_A = r_B$.

(10) $$\frac{1 + INT_A}{1 + INT_B} = \frac{1 + INF_A}{1 + INF_B}.$$

À l'équilibre, le différentiel de taux nominal d'intérêt entre deux pays doit être égal à la différence des taux d'inflation anticipés.

(11) $$INT_A - INT_B = INF_A - INF_B.$$

Les devises qui subissent un taux d'inflation plus élevé doivent avoir des taux d'intérêt plus élevés que les devises qui ont un taux d'inflation faible.

---

1. En fait, $(1 + i) = (1 + r)(1 + a)$ ou $1 + i = 1 + ra + r + a$. Si ra est petit, cette expression peut être approximée par $i = r + a$.

Si les taux d'inflation sont de 7 % au Royaume-Uni et de 4 % en France, les taux d'intérêt nominaux devraient être, d'après l'effet Fisher, supérieurs de 3 % au Royaume-Uni à ce qu'ils sont en France.

SECTION 3 • LES COURS DE CHANGE COMPTANT ET LE TAUX D'INTÉRÊT : LA THÉORIE DE L'EFFET FISHER INTERNATIONAL (EFI)

> L'effet Fisher international stipule que le cours de change au comptant devrait changer d'un montant égal, mais de sens opposé à la différence de taux d'intérêt entre les deux pays considérés.

L'investisseur devrait obtenir le même taux de rendement réel s'il place ses fonds en monnaie du pays A ou en monnaie du pays B, dans l'hypothèse où il n'y a pas de restrictions aux mouvements de capitaux. Il reçoit une prime ou est pénalisé pour compenser la variation attendue des cours de change.

Pour comprendre l'impact des variations de taux d'intérêt nominaux dans différents pays sur la valeur des devises, on peut combiner l'effet Fisher et la théorie de la parité des pouvoirs d'achat. On obtient alors l'effet Fisher international.

On peut écrire

$$(12) \quad \frac{CC_1}{CC_0} = \frac{1 + INT_D}{1 + INT_E}$$

où

INT_D et INT_E désignent les taux nominaux d'intérêt dans les pays domestique et étranger,

CC_0 : cours comptant au début de la période,

CC_1 : cours comptant attendu à la fin de la période.

Si le cours à terme est un estimateur du cours comptant futur, alors $CT = CC_1$, l'équation (12) devient :

$$(13) \quad \frac{1 + INT_D}{1 + INT_E} = \frac{CT}{CC_0}.$$

Les tests visant à vérifier la théorie de l'effet Fisher international montrent qu'elle est assez bien vérifiée, bien que certains écarts importants apparaissent dans le court terme.

> Des théoriciens ont montré cependant que les principales devises bénéficiaient d'une prime de risque de change importante. Dans cette hypothèse, le changement attendu des cours de change pour ces devises devrait alors être plus important que la différence des taux d'intérêt.

On ne peut pas prévoir les variations de cours du dollar ou du mark de la même façon que celle des autres monnaies qui n'ont pas le rôle de monnaie de réserve internationale.

SECTION 4 • LES COURS DE CHANGE À TERME ET LES TAUX D'INTÉRÊT : LA THÉORIE DE LA PARITÉ DES TAUX D'INTÉRÊT (PTI)

I - Exposé de la théorie

> La théorie de la parité des taux d'intérêt stipule que la différence de taux d'intérêt domestiques pour deux titres de même risque et de même durée (un an ou moins) devrait être égale et de signe opposé au report ou au déport entre les deux devises, compte non tenu des coûts de transaction.

Elle fait le lien entre le marché des changes et les marchés monétaires internationaux.

Le report ou le déport entre deux devises est lié à la différence de taux entre les deux pays. Le taux de rendement effectif d'un placement en devises étrangères r_E devrait être égal au taux de rendement effectif d'un placement en monnaie nationale, INT_D.

> Le taux de rendement effectif r_E d'un placement en devises étrangères pour un investisseur doit tenir compte non seulement du taux d'intérêt sur la devise étrangère INT_E, mais également de la variation du taux de change de la devise V_E dans laquelle est effectué le placement.

Le taux de rendement effectif étranger r_E doit être tel que

(14) $\qquad 1 + r_E = (1 + INT_E)(1 + V_E)$

où

r_E : taux de rendement effectif étranger,
INT_E : taux d'intérêt de la devise étrangère,
V_E : variation de la valeur de la devise étrangère.

L'équilibre sur le marché des changes est obtenu lorsqu'il y a égalité entre le taux de rendement effectif étranger et le taux d'intérêt de la devise domestique. Si tel n'était pas le cas, il y aurait des arbitrages possibles, puisque les taux de rendement seraient différents.

Il faut donc que
(15) $$r_E = INT_D$$
c'est-à-dire
(16) $$(1 + INT_E)(1 + V_E) - 1 = INT_D.$$
La variation des cours anticipée doit être égale à
(17) $$V_E = \frac{1 + INT_D}{1 + INT_E} - 1.$$
Si INT_E est faible, on peut écrire
(18) $$V_E \approx INT_D - INT_E.$$

En d'autres termes, la variation des cours anticipée doit être à peu près égale au différentiel de taux d'intérêt.

Quand cette condition est remplie, on dit qu'il y a parité des taux d'intérêt.

Exemple

Si le taux d'intérêt sur la livre est de 12 % et le taux d'intérêt sur le franc français de 10 %, le taux de dépréciation attendue de la livre par rapport au franc devrait être de

$$V_E = \frac{1 + 0,10}{1 + 0,12} - 1$$

$$= -0,018 \text{ soit } 1,8 \% \text{ de dépréciation,}$$

ou, en appliquant (4), la dépréciation doit être de l'ordre de :

$$0,10 - 0,12 = -0,02 \text{ soit } 2 \%.$$

II - Appréciation de la théorie de l'effet Fisher

La théorie de l'effet Fisher a été testée. Il apparaît que les pays qui ont les taux d'inflation les plus élevés ont les taux d'intérêt les plus élevés. Donc, il semble bien que la plupart des variations des taux d'intérêt nominaux peuvent être imputables à des différences d'anticipations de taux d'inflation. Cependant, il n'est pas facile de tester directement l'hypothèse d'égalité de taux de rendement réels.

L'intégration des marchés des capitaux a entraîné une certaine homogénéité des taux d'intérêt. Si les marchés de capitaux étaient intégrés, il y aurait une demande globale de fonds face à une offre globale de fonds et la détermination de taux d'intérêt en découlerait. Au contraire, lorsque les marchés sont segmentés, l'offre et la demande de fonds sont déterminés au niveau de chaque pays en fonction de ses conditions particulières et, dans ce cas, plusieurs taux d'intérêt réels sont possibles. Il existe encore de nombreux marchés segmentés de capitaux.

Si des différences dans les taux d'intérêt réels existent, elles peuvent être dues soit à un risque de change, soit à un risque politique.

SECTION 5 • LA SYNTHÈSE DES APPROCHES RÉELLES ET FINANCIÈRES DES COURS DE CHANGE

I - Exposé de la théorie

En 1976, Dornbush s'est intéressé à la fluctuation des cours de change et a proposé un modèle monétaire de cours de change qui peut expliquer les écarts observés des cours de change par rapport à la théorie de la parité des pouvoirs d'achat. Ce modèle introduit le concept de « surréaction » ou *overshooting* des cours de change. D'après ce modèle, le prix des biens et services et des salaires est déterminé sur des marchés rigides et il ne change que lentement dans le temps en réponse à des chocs comme les variations d'offre de monnaie, par exemple. Ces prix sont surtout résistants à la baisse. Au contraire, les cours de change sont déterminés sur un marché où les prix sont flexibles, et répondent rapidement aux chocs nouveaux. C'est ce qui explique que les variations de cours de change ne sont pas accompagnées de variations de prix de biens et services correspondants et donc qu'il se produise des écarts qui peuvent être sensibles par rapport à ce que les prix devraient être d'après la théorie de la parité des pouvoirs d'achat.

Les arbitrages sur les marchés de marchandises s'effectueront dans le moyen ou long terme, à la différence des arbitrages sur les marchés financiers.

Par exemple, un accroissement de la masse monétaire entraînera souvent une baisse des taux d'intérêt, qui peut déclencher, si l'on anticipe un assouplissement de la politique monétaire, une dépréciation des cours de change plus importante que celle qui serait justifiée par la théorie de la parité des pouvoirs d'achat. Il y a donc surréaction du cours de change. Celle-ci sera corrigée ultérieurement, mais après un certain temps.

II - L'intérêt du modèle

L'intérêt du modèle de Dornbush est de mettre l'accent sur l'arbitrage sur les marchés des capitaux plutôt que sur celui des biens et services, dans le court terme.

Il explique clairement pourquoi les variations des cours de change sont plus volatiles que les déterminants comme l'offre de monnaie.

Cependant, les hypothèses du modèle, à savoir la parfaite mobilité des capitaux, ne sont pas toujours vérifiées.

SECTION 6 • L'INFORMATION REFLÉTÉE DANS LES COURS : L'EFFICIENCE DU MARCHÉ DES CHANGES

Un marché financier est efficient, au sens d'E. Fama, si le prix des actifs financiers reflète à tout instant toutes les informations disponibles. Les trois formes d'efficience données par Fama sont les suivantes :

- *Le marché efficient au sens faible*

Un marché est dit efficient au sens faible si toute l'information passée est déjà reflétée dans les cours de change. Dans ce cas, comme les cours reflètent tous les changements de cours passés et toutes les informations du marché, l'analyse des cours actuels et passés ne fournirait aucune information sur les cours futurs. Cette forme d'efficience rejette l'analyse technique qui, elle, s'appuie sur les cours historiques pour les prévisions.

- *Le marché efficient au sens semi-fort*

Un marché est efficient au sens semi-fort si les cours de change intègrent à chaque instant les informations passées et la nouvelle information publique. Pour réaliser des gains de change, il faut alors anticiper le contenu de l'information.

- *Le marché efficient au sens fort*

Un marché est dit efficient au sens fort si les cours s'ajustent rapidement à toute nouvelle information et intègrent immédiatement toutes les informations passées, publiques et privilégiées. Selon cette théorie, il serait impossible de prévoir l'évolution du cours d'une devise. Si les marchés des changes sont efficients, les cours à terme peuvent être considérés comme des prédicteurs sans biais des cours comptant futurs et constituent la meilleure estimation du cours comptant futur.

- *Le marché inefficient*

Un marché est dit inefficient si les cours de change actuels ne reflètent pas toute l'information disponible sur les cours passés. Dans cette hypothèse, l'analyse technique peut conduire à des gains de change, à condition toutefois qu'une majorité d'opérateurs ne suive pas l'évolution des cours passés. Si une majorité suivait cette évolution, il y aurait un ajustement immédiat des cours et donc pas d'espérance de gain.

Plusieurs études ont montré que les degrés d'efficience des marchés diffèrent selon les devises.

Être un prédicteur sans biais signifie seulement que le cours à terme, en moyenne, surestime ou sous-estime avec les mêmes chances d'erreur.

Les partisans de la théorie des marchés efficients estiment qu'il n'y a pas de corrélation entre le passé et le présent et que les cours de change suivent une marche au hasard. Si cette théorie était vérifiée, il ne serait pas possible de prévoir les cours de change.

Ces théories se combinent pour expliquer les liaisons entre les différents cours de change des devises car il existe des relations entre les cours comptant, les taux d'inflation, les taux d'intérêt et les cours à terme. La différence en pourcentage entre le cours à terme et le cours comptant, taux de report ou de déport, doit être égale à la différence de taux d'intérêt, cette dernière devrait refléter la différence de taux d'inflation anticipé, et la différence de taux d'inflation anticipé reflète normalement la différence des cours comptant attendus. Mais la formation des cours est sensible à de nombreux autres facteurs, comme la déclaration de chefs d'État, le résultat d'élections ou la psychologie des marchés.

CHAPITRE 11

La prévision des cours de change

Les prévisions de cours sont très utiles pour les entreprises et pour les banques. Il est nécessaire
  – d'anticiper les cours à long terme pour prendre des décisions stratégiques : investissements et gestion des filiales étrangères, etc. Ces prévisions de cours basées sur des mouvements de court et long terme seront inscrites dans le plan stratégique du groupe. Elles tiendront compte de variables d'ordre économique, politique et monétaire ;
  – d'estimer les cours à moyen terme, de l'ordre de l'année. Les prévisions de budget des filiales étrangères contiennent des prévisions de cash flows en devises étrangères et en monnaies de la société mère. Il est cependant certain que les politiques de change devront être réexaminées fréquemment car les conditions du marché peuvent évoluer rapidement ;
  – d'estimer les cours à court terme pour gérer les positions de change.

La prévision des cours peut être faite à long terme ou à court terme. Les méthodes utilisées varient selon l'horizon étudié.

On range les méthodes de prévision des cours de change en deux groupes :
  – les méthodes graphiques ou chartistes, utilisées pour les prévisions de court terme (Section 1),
  – les méthodes fondamentales, utilisées à moyen et long terme (Section 2).

Les modèles de prévision dépendent de l'efficience des marchés.

SECTION 1 • LES MÉTHODES GRAPHIQUES OU L'ANALYSE TECHNIQUE

L'analyse technique s'appuie sur les graphiques de cours. Selon les chartistes, les variations de cours ne sont pas aléatoires, mais sont liées en quelque sorte aux variations passées. Les configurations de cours passés et les volumes servent pour anticiper l'évolution à très court terme ou à court terme. L'analyse technique n'a pas pour objet de déterminer les facteurs explicatifs des cours, mais de comprendre leur évolution à partir des séries historiques.

Elle repose sur l'hypothèse de la stabilité de comportement des opérateurs. Elle identifie des situations répétitives, le repérage rapide de ces configurations permet d'établir des prévisions.

I - Les histogrammes de cours

L'histogramme des cours ou graphiques en barres indique (Graphique XI-1) pour chaque période :
– le cours maximum de la journée (ou de la semaine),
– le cours minimum de la journée (ou de la semaine),
– le cours de clôture indiqué par une petite barre horizontale.

L'histogramme des cours donne une première idée de la volatilité des cours.

**Graphique XI-1
Histogramme des cours de change**

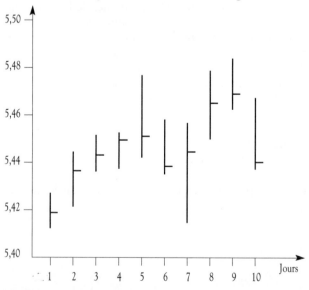

LA PRÉVISION DES COURS DE CHANGE

II - LES PRINCIPALES TENDANCES

On peut déterminer les tendances principales en utilisant
– une ligne qui relie les points hauts d'une courbe ou points de résistance et on obtient la ligne de tendance haussière ou ligne de résistance (Graphique XI-2).

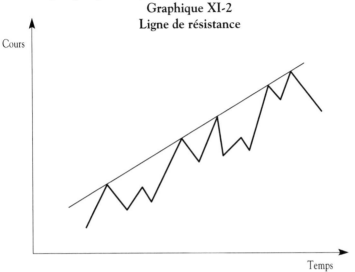

**Graphique XI-2
Ligne de résistance**

– une ligne qui relie les points bas d'une courbe ou points de support et on obtient la ligne de tendance baissière ou ligne de support (Graphique XI-3).

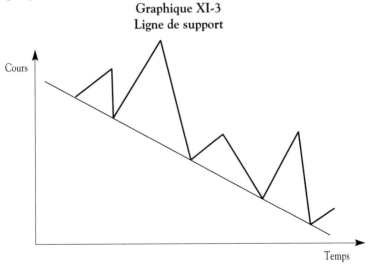

**Graphique XI-3
Ligne de support**

– les deux lignes joignant les points bas et les points hauts (Graphique XI-4). Si ces lignes sont parallèles, elles constituent un tunnel qui indique que le marché est soit fortement haussier, soit fortement baissier.

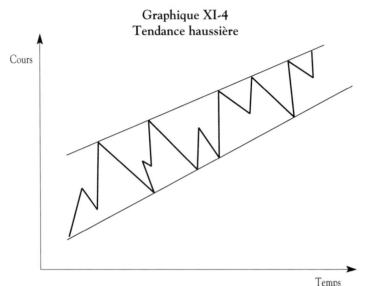

**Graphique XI-4
Tendance haussière**

Lorsque les cours s'écartent de façon importante de ces lignes, on peut anticiper un changement de comportement du marché. On peut s'attendre soit à une accélération de la tendance précédente, soit à une consolidation avant un changement de tendance.

Un cours franchissant à la hausse sa ligne de résistance donne un signal d'achat. Inversement, un cours franchissant à la baisse sa ligne de support donne un signal de vente.

Après ce travail, qui consiste à repérer les tendances à long terme, les chartistes essaient de découvrir des tendances à plus court terme. Pour cela, ils disposent de certaines figures types.

III - Les différents graphiques

On distingue :

A. Les graphiques en lignes (*line charts*)

On porte en abscisse le temps et en ordonnées les cours des devises. Chaque jour, est indiqué le cours de clôture de la devise. Le graphique relie ensuite les différents points par une ligne.

B. Les graphiques en points et croix (*point and figure charts*)

Dans ce graphique (Graphique XI-5), le facteur temps est ignoré. On définit un montant de variation minimum, par exemple 10 points.

Lorsque la devise est en hausse d'au moins ce montant, on inscrit une croix au niveau atteint dans une colonne. Si la devise continue à monter, on inscrit toujours une croix dans la même colonne. Si la devise baisse, on change de colonne et on inscrit un rond au nouveau niveau atteint.

Les signaux de hausse sont donnés par une croix qui se trouverait à un niveau plus élevé que la plus haute croix de la colonne des croix précédentes.

Les signaux de baisse sont donnés par un dernier rond qui se trouverait à un niveau plus bas que le plus bas rond de la colonne des ronds précédents.

Graphique XI-5
Graphique en points et croix

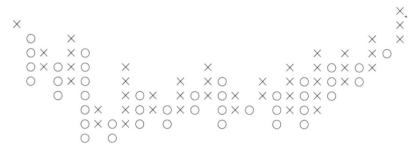

IV - Les principales figures

L'identification des principales figures découle de la pratique des marchés. Les principales figures observées sont :

A. La formation tête et épaules (*head and shoulders*)

C'est un des modèles les plus reconnus. Il s'agit d'une formation symétrique avec deux sommets bas (épaules) encadrant un sommet plus élevé (tête) (Graphique XI-6). Dans un marché haussier, l'« épaule » gauche représente un point de résistance, la tête représente un point haut, mais souvent il y a baisse. La force du mouvement à la hausse s'épuise et le développement d'une formation tête épaules devient vraisemblable. Les points bas constituent la ligne du cou. Cette figure annonce un renversement de tendance. Généralement, les volumes sont élevés lors de la formation de l'épaule gauche, plus faibles pour la tête et encore plus faibles pour l'épaule droite. Une fois que la ligne de cou a été franchie à la baisse, le mouvement de baisse est amorcé.

Il existe aussi la formation tête et épaules inversée qui annonce un mouvement ultérieur de hausse.

Graphique XI-6
La formation tête et épaules

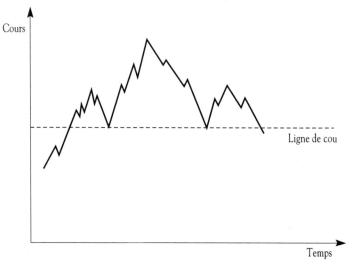

Une figure proche de la formation tête et épaules est représentée par les triples sommets (forme d'un W). La différence tient à ce que les sommets sont au même niveau (Graphique XI-7), mais l'interprétation est la même. Il existe aussi des doubles hauts et bas (forme d'un M), mais moins significatifs que les triples sommets et creux.

Un double sommet montre un repli du marché après des tentatives de franchissements de seuil et inversement pour un double creux.

Graphique XI-7
La formation en double creux

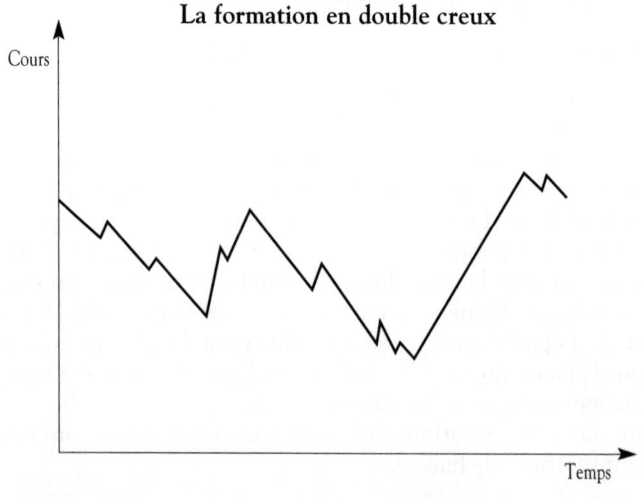

B. Les triangles

Après une période de forte volatilité, les variations de cours vont souvent en s'amortissant et les graphiques de cours forment des triangles. On distingue les triangles ascendants (Graphique XI-8.1), indiquant une tendance à la hausse, les triangles descendants (Graphique XI-8.2) indiquant une tendance à la baisse et les triangles symétriques qui n'indiquent aucune tendance, mais annoncent un accroissement probable de la volatilité.

**Graphique XI-8.1
Triangle ascendant**

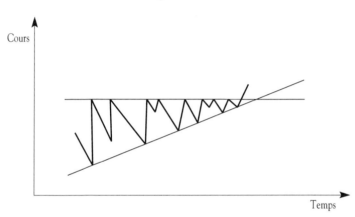

**Graphique XI-8.2
Triangle descendant**

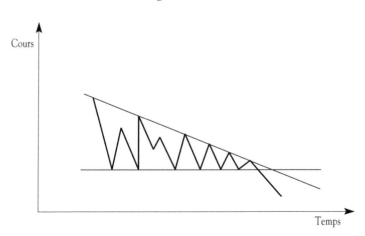

C. Le losange diamant (*diamond*)

Il est constitué par deux triangles symétriques de sens opposés (Graphique XI-9) et constitue généralement une phase de consolidation du marché.

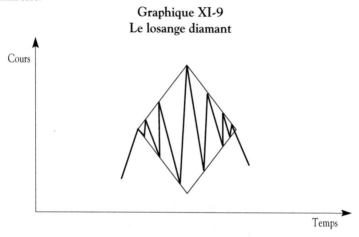

**Graphique XI-9
Le losange diamant**

D. Le gap ou « écart »

Le gap est un blanc laissé sur un graphique. Des transactions consécutives peuvent se produire à des cours très différents. Les gaps ou écarts de cours qui ont lieu pendant une journée n'apparaissent pas sur les graphiques. Mais d'un jour à l'autre, si le cours de clôture le plus élevé d'un jour se situe au-dessous du plus bas du cours suivant, un gap apparaît sur le graphique. De même si le cours de clôture le plus bas d'un jour se situe au-dessus du plus élevé du cours suivant.

On distingue quatre sortes de « gap » (Graphique XI-10 page suivante) :

– Le *runaway gap*, qui apparaît après qu'un mouvement significatif de hausse ou de baisse a eu lieu. Il indique alors une continuation du mouvement. Ce gap apparaît souvent au milieu d'un mouvement de hausse ou de baisse.

– Le *common gap* est le plus fréquent. Il apparaît surtout lorsque les marchés sont étroits et est difficile à interpréter. Il peut être l'indication d'un changement de direction. Il est souvent rapidement « comblé ».

– Le *break away gap* apparaît souvent à la fin d'une phase de consolidation ou après qu'une ligne de résistance ou de support a été franchie. Il est souvent le signe d'un changement important de direction.

– L'*exhaustion gap* apparaît souvent à la fin d'une phase de consolidation. Le marché tente de repartir à la hausse ou à la baisse, mais il y a peu de support pour le mouvement. Ce gap signale l'arrêt ou le retournement du mouvement.

Graphique XI-10
Gaps

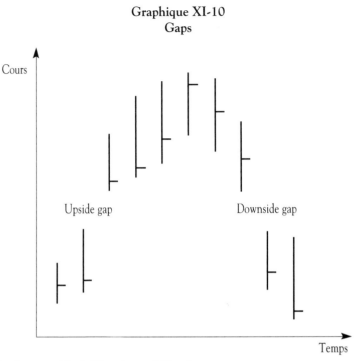

E. Le drapeau (*flag*) (Graphique XI-11)

Un drapeau constitue une correction à l'intérieur d'un mouvement majeur de hausse ou de baisse. Un drapeau « normal » est formé par une « hampe », assez longue, mouvement rapide de hausse, suivi d'une correction à la baisse de durée variable. Il y a aussi des drapeaux inversés.

Graphique XI-11
Drapeau

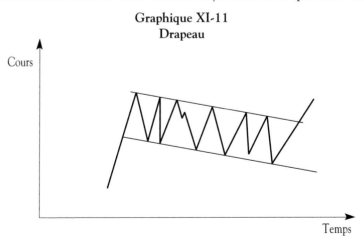

F. Le coin (*wedge*)

Le coin représente un triangle inachevé. Il existe des coins descendants ou ascendants. Généralement, un coin ascendant annonce une sortie à la baisse et inversement.

G. La flamme (*pennant*)

Une flamme est une correction du marché. Normalement, dans une flamme, à la différence d'un triangle, la sortie a lieu dans le même sens que l'entrée.

H. La zone de consolidation (*trading range*)

La zone de consolidation correspond à une période d'hésitation du marché. Les cours fluctuent à la hausse comme à la baisse, mais dans des limites étroites. C'est un indicateur de consolidation à la hausse ou à la baisse.

I. Les vagues d'Eliott

D'après Eliott, qui a élaboré sa théorie pour le cours des actions, le prix des actions évoluerait à la manière de vagues (Graphique XI-12) : trois vagues à la hausse (1,3,5), entrecoupées par deux vagues à la baisse (2,4). Lorsque la troisième vague à la hausse s'achève, il doit y avoir une correction des cours.

**Graphique XI-12
Vagues d'Eliott**

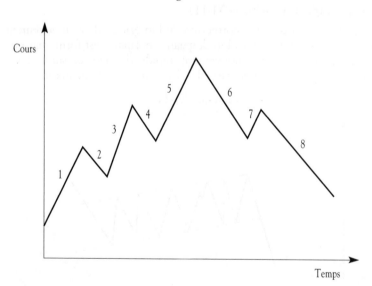

V - LES VOLUMES

La connaissance des volumes traités sur les marchés indique la puissance du mouvement des cours. Un marché qui enregistre un volume plus important dans une phase de hausse tend à conforter le mouvement de hausse et, inversement, un marché qui enregistre un volume plus important dans une phase de baisse tend à conforter le mouvement de baisse.

VI - LES MOYENNES MOBILES

Les moyennes mobiles permettent de suivre la tendance moyenne des marchés. L'avantage des moyennes mobiles est de lisser les variations de court terme excessives (bruits du système) et extrapoler une évolution de la tendance à plus long terme [1].

Un signal d'achat est donné lorsque la droite de cours de la devise coupe vers le haut la droite de moyenne mobile.

Un signal de vente est donné lorsque la droite de cours de la devise coupe vers le bas la droite de moyenne mobile (Graphique XI-13).

**Graphique XI-13
Moyennes mobiles**

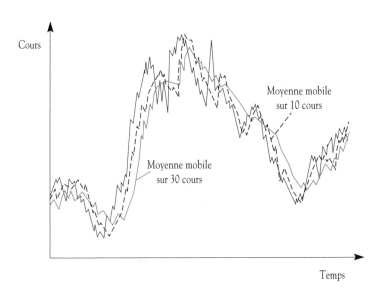

[1]. Une moyenne mobile est une moyenne dans laquelle le diviseur est toujours le même (10 par exemple, pour une moyenne mobile sur 10 jours) et dont le numérateur est constitué par la somme d'une suite consécutive de 10 cours, chaque nouvelle moyenne mobile abandonnant le premier des cours et rajoutant le dernier cours, de façon à ne conserver toujours qu'une somme de 10 cours.

Selon les devises et leur volatilité, les durées sur lesquelles sont basées les moyennes mobiles varient.

On calcule souvent deux moyennes mobiles sur deux durées différentes :
– l'une sur une durée courte de 10 jours,
– et l'autre sur une durée plus longue : 30 jours, par exemple. La courbe de moyennes mobiles longue est beaucoup plus stable que la courbe de moyennes mobiles courte. Plus la durée étudiée est longue et plus l'amplitude de la courbe de moyennes mobiles est faible.

On surveille alors la position relative des deux moyennes mobiles ; lorsque la courbe de moyennes mobiles courtes coupe vers le haut la courbe de moyenne mobile à durée plus longue, c'est un signal de hausse et inversement. Si la courbe de moyennes mobiles est au-dessus de la courbe de moyennes mobiles longues, la tendance est à la hausse.

De nombreuses techniques sont basées sur les moyennes mobiles.

VII - L'OSCILLATEUR ET LE MOMENTUM

A. L'oscillateur

L'oscillateur est obtenu en faisant la différence entre deux moyennes mobiles calculées sur des périodes de temps différentes. Par exemple, l'oscillateur 10/30 est égal à la différence entre la valeur de la moyenne mobile 10 jours, M 10, et la valeur de la moyenne mobile 30 jours, M 30, pour le même jour J.

La valeur de l'oscillateur est positive si M 10 est supérieure à M 30, négative dans le cas où M 30 est supérieure à M 10 et nulle si les deux moyennes sont égales. Lorsque les moyennes mobiles se croisent, l'oscillateur change de signe. L'évolution de l'écart entre les deux moyennes mobiles est très nette sur le graphique (Graphique XI-14, page suivante). Lorsque l'oscillateur coupe l'axe des abscisses, cela traduit un retournement de tendance du marché.

L'oscillateur est utilisé en même temps que les moyennes mobiles. Il est utilisé comme indicateur avancé.

B. Le momentum

Le momentum est obtenu en faisant la différence entre deux cours décalés dans le temps [Cours J – Cours (J – n)]. Il permet l'analyse des variations de cours entre le début et la fin de la période de n jours étudiée. Les professionnels sont, en effet, intéressés non seulement par le niveau des cours, mais également par la variation de changement du cours. Si le momentum est au-dessus de 0 et si la courbe est croissante, cela donne un signal de hausse. Inversement, lorsqu'il descend au-dessous de zéro et diminue, cela correspond à un signal de vente.

**Graphique XI-14
Courbes de moyennes mobiles et oscillateur**

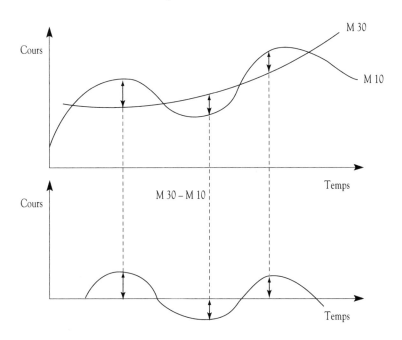

VIII - L'INDICATEUR D'INTENSITÉ RELATIVE
(*RELATIVE STRENGTH INDICATOR*)

L'indicateur d'intensité ou de fermeté relative (IFR), développé par J. Welles Wilder, traduit la situation de « surachat » ou de « survente » d'une devise.

Lorsqu'une devise est surachetée, cela traduit une tendance à la hausse. Lorsqu'une devise est survendue, cela traduit une tendance à la baisse.

Cet indicateur est exprimé en termes de pourcentage. Au numérateur figure la somme des hausses de cours et au dénominateur est indiquée la somme algébrique de toutes les fluctuations de cours (hausses et baisses).

$$\text{IFR} = \frac{\text{Somme des hausses de cours}}{\text{Somme de toutes les fluctuations de cours}}.$$

Par exemple, si l'on enregistre les cours indiqués dans le tableau XI-5 (page suivante), on peut procéder ainsi au calcul de l'indice de fermeté relative.

Tableau XI - 1
Calcul de l'indice de fermeté relative (IFR)

Année N	Cours	Hausses des cours	Baisses des cours
1 - 3	5,4000		
2 - 3	5,4300	+ 300	
3 - 3	5,4425	+ 125	
4 - 3	5,4320		− 105
5 - 3	5,4650	+ 350	
6 - 3	5,4450		− 200
7 - 3	5,4550	+ 100	
8 - 3	5,4860	+ 310	
9 - 3	5,5260	+ 400	
10 - 3	5,4860		− 400
11 - 3	5,5060	+ 200	
12 - 3	5,5350	+ 290	
13 - 3	5,5500	+ 150	
14 - 3	5,5600	+ 100	
15 - 3	5,5740	+ 140	
		+ 2 465	− 705

L'index de fermeté *relative* est égal à

$$\frac{2\ 465}{2\ 465 + 705} = 0{,}7776 \text{ soit } 77{,}76\ \%.$$

Lorsque l'IFR se situe entre 30 et 70 %, il est considéré comme neutre. S'il est supérieur à 75 %, il est considéré comme survendu. L'interprétation de l'IFR dépend également de la période étudiée.

Cependant, le seul fait qu'un marché soit survendu ou suracheté n'est pas une raison suffisante pour attendre un changement de tendance rapide.

SECTION 2 • LES MÉTHODES FONDAMENTALES OU L'ANALYSE FONDAMENTALE

L'analyse fondamentale ne peut pas facilement saisir les oscillations de court terme ; en revanche, elle tente d'anticiper les fluctuations de long terme. Elle s'appuie sur les facteurs économiques fondamentaux et sur des modèles mathématiques.

Il y a plusieurs écoles de pensée :
– l'approche par la balance des paiements,
– l'approche par le marché des actifs monétaires et financiers,
– la prise en compte de certains facteurs fondamentaux.

I - L'APPROCHE PAR LA BALANCE DES PAIEMENTS

La balance des paiements retrace l'ensemble des flux d'actifs réels, financiers et monétaires entre les résidents d'une économie et les non-résidents pendant une période déterminée.

Elle comprend :
– la balance commerciale,
– la balance des services et transferts. Ces deux balances composent la balance des transactions courantes,
– la balance des capitaux à court et long terme.

La balance courante et la balance des capitaux sont équilibrées par des variations des réserves officielles, par l'emprunt (ou les prêts) à des institutions internationales, par les emprunts (ou les prêts) en devises étrangères du secteur public.

Le commerce extérieur et les mouvements de capitaux influencent l'offre et la demande de devises et, par conséquent, le prix des devises sur le marché. Comme la balance des transactions courantes et la balance des capitaux doivent s'équilibrer, un pays avec un déficit de la balance des transactions courantes doit avoir un surplus de balance des capitaux et inversement. Généralement, les pays ayant des déficits de balance de transactions courantes ont une devise qui tend à se déprécier.

Les mouvements de capitaux dépendent des taux d'intérêt.

Les partisans de l'approche par la balance des paiements considèrent que celle-ci constitue un bon indicateur de pression sur les cours de change. Si, pendant une certaine période, un pays A achète plus à l'étranger que ce qu'il vend, la probabilité de dépréciation de sa devise par rapport aux autres devises augmente. En effet, les étrangers détiendront des titres de créances sur ce pays et s'ils veulent transformer ces titres en une autre devise, la pression pour la dépréciation de la devise s'amplifie. Il faut cependant souligner que cette pression se fait moins forte si les étrangers veulent conserver la devise. C'est ce que l'on a pu observer pendant plusieurs années pour le dollar, monnaie de réserve.

Théoriquement, un pays qui enregistre des surplus de balance de paiements devrait avoir, toutes choses égales par ailleurs, une devise forte. Cependant, cet ajustement des cours de change suggéré par l'examen de la balance des paiements n'est pas toujours bien corrélé avec les mouvements de cours pour plusieurs raisons :

– tous les flux de capitaux ne sont pas comptabilisés dans la balance des paiements. Il existe toujours des « erreurs et omissions », dont le montant s'avère élevé dans certains pays ;

– les contrats à terme ne sont pas inclus dans les comptes des balances de paiements et certains flux de capitaux ne sont répertoriés qu'après un certain délai.

De plus, les gouvernements disposent de plusieurs moyens pour agir à court terme sur l'équilibre de leurs balances des paiements :

- *Des mesures de politique monétaire*

Une action sur l'offre ou la demande de monnaie a un impact sur les importations ou les exportations. Ainsi, une augmentation de l'offre de monnaie, en augmentant le niveau des prix, rend les importations plus attractives. Cette stratégie est obtenue souvent par une action sur les taux d'intérêt et a pour objectif d'accroître l'activité économique. Mais cette mesure a aussi un effet inflationniste qui risque de modifier le taux de change réel et d'affecter la compétitivité du pays.

- *Des mesures de politique fiscale*

Une pression fiscale plus forte sur les revenus diminue la demande d'importations et inversement. Lorsqu'il y a une politique de déficit fiscal, cela implique des taux d'intérêt élevés pour attirer les capitaux à court terme. Un accroissement de l'offre de monnaie domestique fait courir des risques d'inflation. Dans le cas où l'inflation se produit, les flux de capitaux ont tendance à repartir et la pression à la baisse de la devise devient plus forte.

- *Des mesures de contrôle des salaires et des prix*

Ces mesures peuvent avoir une incidence sur les cours de change en contenant les prix.

- *Des contrôles des changes*

Dans certains pays, la vente et l'achat de devises étrangères restent très réglementés.

- *Des quotas d'importation ou des barrières tarifaires peuvent aussi limiter les importations et la demande de devises étrangères.*

Malgré ces limites, l'étude de l'équilibre de la balance des paiements reste un assez bon indicateur de la tenue d'une devise dans le long terme.

Une balance commerciale constamment déficitaire traduit une baisse de compétitivité par rapport aux autres pays et affaiblira la devise nationale et inversement. Toutefois, les devises qui jouent un rôle international, comme le dollar, sont moins sensibles aux variations de balance des paiements que les autres.

II - L'approche par le marché des actifs monétaires et financiers ou le modèle de choix de portefeuille

A. Exposé du modèle de choix de portefeuille

Les modèles monétaires faisaient l'hypothèse que les titres domestiques et étrangers étaient de parfaits substituts et que les rendements attendus sur ces titres devaient être égaux. Au contraire, le modèle de portefeuille, qui s'inspire des théories de Tobin et de Markowitz, met l'accent sur les différences de risque entre les titres domestiques et étrangers. Il a d'abord été exposé par W. Branson (1976, 1984), développé par P. Kouri (1976) et repris et complété ensuite par de nombreux autres auteurs.

Cette approche stipule que l'une des principales forces qui gouverne les cours de change est l'attraction relative d'une devise dans un but de placement. Comme la plupart des investisseurs internationaux peuvent acquérir aussi bien des actifs domestiques que des actifs étrangers, le cours de change peut être considéré comme le prix d'un actif relatif. Certains titres peuvent être plus risqués que d'autres (risque de change, d'inflation, risque politique, etc.) et ils devront donc avoir un taux de rendement plus élevé pour tenir compte de ce risque supplémentaire. Ce taux de rendement additionnel sur les actifs plus risqués constitue la prime de risque. Celle-ci représente la compensation exigée par les agents pour ce risque supplémentaire.

Un changement d'anticipation quant au prix futur d'un actif amène un changement de son prix actuel de façon que le taux de rendement attendu de deux actifs présentant le même degré de risque soit le même. Dans cette optique, ce sont les anticipations sur les flux futurs qui sont à prendre en considération. Selon cette approche, les flux réalisés auraient déjà été anticipés par le marché et intégrés dans les cours.

Une augmentation du risque perçu sur les obligations domestiques par rapport aux obligations étrangères, par exemple, peut conduire à une hausse du taux d'intérêt domestique et à une dépréciation de la monnaie, tandis qu'un accroissement du risque perçu des obligations étrangères peut amener une appréciation de la devise domestique et une baisse des taux d'intérêt domestiques.

Dans ce modèle, la balance des transactions courantes joue un rôle important dans la détermination des cours de change.

B. Intérêt du modèle de choix de portefeuille

Ce modèle met l'accent sur le rôle joué par l'aversion du risque dans la formation des cours. Un accroissement du risque perçu sur les titres domestiques par rapport à des titres étrangers peut conduire à une augmentation des taux d'intérêt ainsi qu'à une dépréciation de la devise et inversement.

Ce modèle insiste sur l'incidence de la politique fiscale sur les cours.

Le problème reste cependant d'évaluer de façon précise les différences de risque perçu pour les titres domestiques et étrangers.

III - LES PRINCIPAUX FACTEURS FONDAMENTAUX RETENUS

Dans la pratique, plusieurs facteurs économiques sont suivis régulièrement.

a) Les facteurs concernant l'activité générale

– les indicateurs de demande : indice des directeurs d'achat, commande de biens durables, investissements en biens d'équipement, ventes de biens au détail, ventes de gros, marché du logement ;

– les indicateurs d'offre : la production industrielle, le taux d'utilisation des capacités de production, les stocks des entreprises, le marché de l'emploi ;

– l'évolution du PNB ;

– l'endettement des ménages.

b) Les facteurs concernant les prix et salaires

– inflation. Les indicateurs d'inflation sont très suivis car ils vont avoir une incidence sur les taux d'intérêt. Plusieurs indices de prix sont suivis : indices de prix à la production, indices de prix à la consommation ;

– taux d'intérêt courts et longs ;

(Le chapitre précédent a indiqué l'impact des variations de prix et de taux d'intérêt sur les cours.)

– politique des autorités monétaires ;

– déficit budgétaire : le solde budgétaire mensuel américain est suivi, car il peut apparaître comme un signal plus ou moins inflationniste ;

– croissance de la masse monétaire : les indicateurs monétaires servent de base à la définition de la politique monétaire. Une croissance trop élevée incite à diminuer les taux et inversement. C'est pourquoi les chiffres publiés chaque mois concernant l'évolution de la masse monétaire M1 aux États-Unis (billets en circulation et comptes courants des banques) sont suivis attentivement. La politique de la Federal Reserve a une incidence importante sur tous les marchés de capitaux du fait du rôle central du dollar américain dans les échanges internationaux.

On peut concilier les différentes approches en considérant que, dans le long terme, la théorie de la parité des pouvoirs d'achat se vérifie à peu près, surtout pour les pays dont la monnaie n'est pas monnaie de réserve internationale, et dans le court terme, il faut davantage tenir compte du différentiel de taux d'intérêt, des anticipations, de l'analyse graphique et de la théorie des actifs. L'intérêt de l'analyse graphique est d'être plus rapide et d'économiser le temps de recherche des données fondamentales. Les opérateurs sur les marchés des changes utilisent toute une série d'informations : journaux, revues, écrans Reuters et Telerate, radio, télévision, etc. Les cambistes tiennent compte des facteurs fondamentaux, mais savent également qu'une rumeur ou une déclaration politique peuvent aussi avoir une incidence non négligeable sur les évolutions de cours à court terme. Et les réactions doivent être immédiates. Mais les prévisions de cours relèvent plus de l'art que de la science.

Liste des tableaux

I-1. Volume quotidien sur les marchés des changes, 4
I-2. Contreparties des banques sur les marchés des changes, 14
I-3. Répartition du volume moyen quotidien des instruments financiers, 14
II-1. Les régimes de change établis par référence à une monnaie ou à un panier de monnaie, 25
II-2. Les différents régimes de change flexibles, 28
II-3. Composition de l'écu, 29
III-1. Bilan de la filiale, 41
III-2. Bilan comparé selon différentes méthodes comptables, 41
IV-1. Transactions sur les marchés des changes au comptant. Moyenne quotidienne, 50
IV-2. Cours acheteur et cours vendeur, 53
IV-3. Cotation des cours de change au comptant, *Les Echos*, 54
IV-4. Cotation des cours de change, *Financial Times*, 55
IV-5. Cours de change au comptant croisés, 58
IV-6. Cotations des banques A et B, 61
V-1. Transactions sur les marchés à terme sec. Moyenne quotidienne, 64
V-2. Transactions sur les marchés des swaps, 65
V-3. Cotation des cours à terme en valeur, 67
V-4. Cours à terme en valeur, *Wall Street Journal*, 67
V-5. Cours à terme, *Les Echos*, 68
VI-1. Volume des transactions sur les marchés de futures de devises. Moyenne quotidienne, 84
VI-2. Les différentes caractéristiques des futures de devises, 86
VI-3. Cotations des futures de devises, 90
VI-4. Couverture sur le marché des futures de devises, 93
VI-5. Marchés des changes à terme et marché des futures de devises, 97
VII-1. Volume des transactions sur les marchés d'options. Moyenne quotidienne, 103
VII-2. Tunnel prime nulle, protection contre la baisse du dollar, 120
VII-3. Tunnel prime nulle, protection contre la hausse du dollar, 120
VII-4. Comparaison entre l'option classique et l'option de cours moyen, 121
VIII-1. Volume des transactions sur les marchés organisés d'options par pays. Moyenne quotidienne, 130
VIII-2. Taille des contrats d'options sur les marchés organisés, 132
VIII-3. Cotation des options sur le marché de Philadelphie. Contrat de 31 250 GBP, 135
VIII-4. Fonctionnement des options sur futures de devises, cas de la baisse du deutsche mark, 139
VIII-5. Fonctionnement des options sur futures de devises, cas de la hausse du deutsche mark, 140
VIII-6. Tableau comparatif des options de change sur les marchés standardisés et sur les marchés de gré à gré, 141
IX-1. Swaps de devises, 147
IX-2. Conditions d'emprunt, 148
XI-1. Calcul de l'indice de fermeté relative, 186

Liste des graphiques

I-1. Répartition par devises sur le marché de Paris, 13
I-2. Répartition des instruments financiers sur les marchés des changes de Paris, 15
II-1. Evolution du cours du dollar de 19141 à 1994, 24
VI-1. Organisation des transactions sur les marchés de futures, 87
VII-1. Valeur intrinsèque d'une option d'achat, 107
VII-2. Valeur intrinsèque d'une option de vente, 108
VII-3. Achat d'option d'achat, 110
VII-4. Vente d'option d'achat, 111
VII-5. Achat d'option de vente, 111
VII-6. Vente d'option de vente, 112
VII-7. Position de l'acheteur de *straddle*, 112
VII-4. Écart vertical haussier, 114
Annexe, 1. Prime et delta d'une option d'achat, 125
IX-1. Rôle de broker de l'institution financière dans un swap, 144
IX-2. Rôle de contrepartie d'une banque dans un swap, 145
IX-3. Rôle d'intermédiaire d'une banque dans un swap, 145
IX-4. Swap de devises. Taux fixe contre taux fixe, 149
IX-5. Paiement des intérêts pendant le swap, 149
IX-6. Remboursement du principal à maturité, 149
IX-7. Swap de devises. Taux fixe contre taux variable, 151
IX-8. Couverture de change par un swap de devises, 154
XI-1. Histogramme des cours de change, 172
XI-2. Ligne de résistance, 173
XI-3. Ligne de support, 173
XI-4. Tendance haussière, 174
XI-5. Graphique en points et croix, 175
XI-6. La formation tête et épaules, 176
XI-7. La formation en double creux, 176
XI-8.1. Triangle ascendant, 177
XI-8.2. Triangle descendant, 177
XI-9. Le losange diamant, 178
XI-10. Gaps, 179
XI-11. Drapeau, 179
XI-12. Vagues d'Eliott, 180
XI-13. Moyennes mobiles, 181
XI-14. Courbes de moyennes mobiles et oscillateur, 183

Index

A

À la monnaie : 107.
Accords de la Jamaïque, 21.
Accords de cours de change futurs, 69, 76.
Accords du Louvre, 22, 52.
Achat à terme, 74.
Analyse technique, 172, 184.
Analyse fondamentale, 184-189.
Appel d'offres, 114, 117-118.
Arbitrage, 18, 61, 69, 95, 166.
Arbitrage géographique, 61.
Arbitrage triangulaire, 61-62.
Arbitragiste, 61, 104.

B

Balance des paiements, 20, 184, 185-186.
Back office, 17-18.
Banque de France, 11, 13, 52, 54.
Banques centrales, 52.
Banque centrale européenne, 32-33.
Banques commerciales, 51.
Banque mondiale (Banque internationale pour la reconstruction et le développement), 19.
Banque des règlements internationaux (BRI), 43, 50.
Base, 95, 96, 99.
Base d'équilibre, 95.
BID (Cf. Cours acheteur).
Black et Scholes (modèle de), 126.
Bloomberg, 15.
Bretton Woods, 19.
Broker (Cf. Courtier).
Broker-trader, 85.

C

Call (Cf. Option d'achat).
Cambistes, 15, 16, 17, 18.
Chambre de compensation, 87, 90, 91, 97, 134.
Change fixe, 21, 23-27.
Change flexible, 21, 23, 27-28, 34.
Chicago Board of Trade, 80, 83.
Chicago Mercantile Exchange (CME), 62, 85, 86, 89, 90, 129, 132.
Coin (wedge), 180.
Comité de Bâle, 43.
Commission, 51, 92, 153.
Conseil des gouverneurs, 32, 34.
Conseil européen, 34.
Contrat de futures, 80, 86, 87, 89.
Contrat d'options, 80, 104, 105, 106.
Contrat « rollingspot », 62.
Contrôle de change, 186.
Contrepartie, 14, 37, 143, 144-145.
Cotation, 53-58, 66, 67, 89, 95, 97, 106-110, 134, 136, 152.
Cotation à l'incertain, 56, 57-59.
Cotation au certain, 56, 57-60.
Cours acheteur, 13, 52, 57, 60, 148, 160, 161, 165, 170.
Cours comptant, 52-58, 95.
Cours croisé, 57-58, 73.
Cours de change nominal, 59.
Cours de change réel, 160, 162, 163.
Cours effectif, 114, 116, 117.
Cours guichet, 55.
Cours pivot, 30, 54.
Cours à terme, 66, 69-73, 165, 169, 170.
Cours vendeur, 13, 52, 57, 58, 148.
Courtier, 14, 51, 66, 85, 130, 134, 144.
Couverture (hedging), 18, 45, 73-77, 92-95, 96, 99-101, 114-123, 154.

D

Dans la monnaie, 107, 124.
Date d'échéance, 91, 106, 133, 138.
Dealing room (Cf. Salle de marché).
Delta, 100-101, 124-125, 128.
Dénouement, 91.
Déport (discount), 66, 67, 74, 166, 170.
Dépôt de garantie, 90, 91, 134, 137.
Dépôt supplémentaire, 91, 92, 137.
Devise, 3-6, 12, 56, 57, 105, 131, 146, 147.
Dollar, 20-24.
Dow Jones Telerate, 16.
DTB, 8.
DTS, 23, 25, 26.

E

Écart, 14, 113-114, 178, 179.
Écart horizontal, 114.
Écart maximal de divergence, 30.
Écart vertical, 113.
Échange de devises, 65, 142-155.
ECU, 29, 30, 32, 33.

Effet Fisher, 163.
Effet Fisher international, 164-165.
Efficience des marchés (EM), 159, 169, 170.
Electronic Broking Service (EBS), 16.
Étalon-or, 19.
European Options Exchange, 132.

F

Facteurs fondamentaux, 188.
Figure, 175.
Fixage (fixing), 16, 55, 59.
Flamme (pennant), 180.
Floor broker, 85.
Floor trader, 84.
Fluctuation nominale (tick), 87, 88, 90.
Fonds européen de coopération monétaire (FECOM), 29.
Fonds monétaire international (FMI), 19.
Forex dealer, 51.
Fourchette (Cf. Spread).
Front office, 17, 18.
Futures, 14, 17, 80, 83-101.

G

Gamma, 126.
Gap (Cf. Écart).
Garman Kohlhagen, 127-128.
G7, 22.
Globex, 87.
Gold Exchange Standard, 19.
Graphiques en points et croix, 174-175.

H

Hedger, 66, 85, 103.
Histogramme, 172.
Hors monnaie, 107, 121, 124.

I

Indicateur d'intensité relative (Relative strength indicator), 183, 184.
Indices de cours de change réels et nominaux, 162-163.
Indivisibilité, 32.
Institut monétaire européen, 33.
Instruments financiers, 14-15.
International Money Market (IMM), 83, 91, 129.
In the money, (Cf. Dans la monnaie).
International Swap Dealers Association (ISDA), 146.

L

Levier financier, 8, 97, 111.
Ligne de résistance, 173.
Ligne de soutien, 173.
Ligne de tendance, 173.
Liquidation, 134.
Liquidité, 122, 140, 155.
Livraison, 89, 91, 100, 121, 134.
London International Financial Futures Exchange (LIFFE), 30, 80, 86, 89.
Lookback option, 121, 122.

M

Marché de gré à gré, 102-128.
Marché de détail, 102.
Marché de gros, 102.
Marché des changes, 8, 9, 10.
  au comptant (spot), 14, 49-62.
  à terme (forward), 14, 63-78, 96-97.
Marchés dérivés, 79-156.
  futures, 14, 83-101.
  options, 14, 101-142.
  swaps, 63, 152-156.
Marché des actifs, 184, 186-187.
Marchés organisés d'options, 129-141.

Marché spot (Cf. Marché au comptant).
Marge de fluctuation, 20, 30, 44.
Market maker, 52.
Marked to market, 91.
MATIF (Marché à terme international de France), 129, 131, 132, 136.
Mécanisme de change, 30.
Mécanisme de crédit, 31.
Mécanisme de règlement, 31.
Méthode court terme – long terme ou méthode du fonds de roulement, 39-40.
Méthode des postes monétaires et des postes non monétaires, 40, 41.
Méthode du cours de clôture, 40.
Méthodes fondamentales, 171, 184-188.
Méthode « temporelle » (temporal method), 40.
Méthodes graphiques ou chartistes, 171, 172-184.
MINEX, 16.
Modèle de choix de portefeuille, 187.
Momentum, 182.
Moyenne mobile, 181-182.

N

NYFE (New York Futures Exchange), 83, 86.

O

Open interest (position de place), 89, 90.
Opérateur en risque (Cf. Hedger).
Option, 104, 106-108, 110, 111, 115, 116.
Option à barrière, 122.
Option américaine, 104.
Option à parité, 124.
Option européenne, 104.
Options prime zéro, 118-120.

INDEX

Options de « seconde génération » ou options « dérivées », 120-123.
Option dite « sans regret », 122.
Options sur la devise « physique » (Options on cash currency ou options on spot), 129.
Options sur futures (Options on currency futures), 129, 136-140.
Option sur moyenne, 120-121.
Option sur option, 122.
Option synthétique, 123.
Ordre, 16, 59, 87, 88, 89, 134.
Oscillateur, 182, 183.
Out of the money (Cf. Hors monnaie).
Overshooting (Cf. Surréaction).

P

Parité, 108.
Parité des pouvoirs d'achat, 188.
Parité des taux d'intérêt, 70, 100, 166-167.
Philadelphia Board of Trade (PBOT), 83, 131-132, 135.
Pip (Cf. Point).
Points, 53, 67, 68, 69.
Point de déport, 68.
Point de report, 68.
Point mort, 110, 111, 112.
Points et croix, 175.
Position de change, 37, 38, 39, 40, 42, 76, 91.
Prévisions de cours, 171-189.
Prime, 105, 108, 124, 125, 133.
Prime de risque de change, 165.
Prime zéro, 118-120.
Prix d'exercice, 105, 127-128, 132-133, 138.
Prix des futures, 95, 100.
Produit dérivé, 80, 81.

Put (Cf. Option de vente).

R

Ratio de couverture : (Cf. Delta)
Régimes de change, 19-35.
Régimes de changes fixes, 19, 23, 27.
Régimes de changes flexibles libres, 27, 28.
Régimes de change à flexibilité ajustée, 27, 28.
Régimes de change à flexibilité dirigée, 27, 28.
Report (ou premium), 66, 67, 68, 74, 166, 170.
Réserve fédérale, 21.
Reuters, 16, 104.
Risque de base, 43, 95, 96, 99.
Risque de change, 7, 36-45, 92-95, 155.
Risque de change de transaction, 37-39.
Risque de change de consolidation, 37, 39-42.
Risque de change économique, 37, 42.
Risque de change des entreprises, 36-42.
Risque de change des banques, 42-44, 76.
Risque de crédit, 43.
Risque de liquidité, 43.
Risque opérationnel, 44.

S

Salle de marché, 15-18.
Sensibilité, 124.
Seuil de divergence, 30.
SFE (Sydney Futures Exchange), 83.
Singapore International Monetary Exchange (SIMEX), 80, 83, 132.
Smithsonian Agreement, 20.
Sous-jacent, 80, 136.
Spéculateur, 65, 66, 104.

Spéculation, 11, 18, 48, 96, 97-98, 114.
Spéculation sur les écarts, 97.
Spread, 54, 55, 56, 67, 113, 153.
Spéculation par prise de position, 97.
Straddle, 98, 112-113.
Surréaction, 168.
Swap de base, 144.
Swap de coupon, 143-144.
Swap interbancaire (Cf. Swap de trésorerie).
Swap de devises, 64-69, 143-156.
Swap tom-next, 69.
Swap de trésorerie, 65, 69, 76-77.
Swap classique ou swap comptant contre terme, 69.
Swap terme contre terme, 69, 75.
Système européen de banques centrales (SEBC), 34.
Système monétaire européen, 29-33, 52.
Système monétaire international, 20-28, 35.

T

Taille des contrats, 87, 105, 131.
Taux de report, 72.
Taux de déport, 72.
Taux de rendement effectif, 166.
Taux de swap, 69, 71, 72, 143, 147.
Telerate, 16, 104.
Théorie de la parité du pouvoir d'achat, 159, 160-163, 165.
Théorie de la parité des taux d'intérêt (PTI), 159, 166-167.
Théorie de l'effet Fisher international (EFI), 159, 165-166.

Théorie de R. Dornbush, 159, 168.
Théorie des marchés efficients (EM), 159, 169-170.
Theta, 126.
Tick (*Cf.* Fluctuation minimale).
Tokyo International Financial Futures Exchange (TIFFE), 83.
Trading, 15.
Trading room (*Cf.* Salle de marché).
Traité de Maastricht, 31, 34.
Triangle, 177.
Tunnels à prime nulle (*Cf.* Options prime zéro).

U

UEM (Union économique et monétaire), 11, 31-34.

V

Vagues d'Eliott, 180.
Valeur intrinsèque, 106-108, 128.
Valeur temps, 106, 108, 128, 139.
Variation minimale, 87.
Véga, 126.
Vente à terme, 75.
Volatilité, 21, 67, 109.
Volatilité historique, 110.
Volatilité implicite, 110.

Bibliographie sommaire

AFTALION F., PONCET, *Le Matif*, Paris, PUF, 1991.
AGLIETTA M. et BAULANT C., *Contrainte extérieure et compétitivité dans la transition vers l'Union économique et monétaire*, Paris, CEPII, 1993.
AGLIETTA M. et BRENDER A., « Globalisation financière et risque de système », *Cahiers économiques et monétaires*, Banque de France, n° 37, 1990.
AROYO P., D'ARVISENET P., SHWOB T., *Finance appliquée*, Paris, Dunod, 1993.
ARTUS P., « Efficience et cloisonnement du marché des changes et des marchés financiers en France », *Cahiers économiques et monétaires*, Banque de France, n° 31, 1988.
ARTUS P., « Possibilités de stabilisation en union monétaire ou en changes flexibles », *Revue économique*, janvier 1994.
ARTUS P. et LUBOCHINSKY C., *Théorie financière des taux d'intérêt et gestion du risque de taux*, Paris, PUF, 1990.
BANQUE DE FRANCE, « Le marché des changes de Paris », *Notes d'information*, n° 83 et 84, 1989.
BANQUE DES RÈGLEMENTS INTERNATIONAUX, *Rapport annuel*, Bale, juin 1994.
BARRET G. et CHIODI P., « Les swaps », *Option Finance*, 28 janvier 1991.
BEKERMAN G. et SAINT-MARC M., *L'ECU*, Que sais-je ?, Paris, PUF, 1991.
BENASSY A., « Comment se fixent les taux de change ? Un bilan », *Économie et prévision*, n° 107, 1993.
BENASSY A., « Les anticipations de change sont-elles rationnelles ? », *Économie prospective internationale*, 3ᵉ trimestre 1991.
BENASSY A. et STERDYNIAK H., « La détermination des taux de change dans les modèles multinationaux : l'état de l'art », *Économie et prévision*, (3), 1992.
BIENSTOCK C., « Les risques sur opérations de marché », *Revue d'économie financière*, automne 1991.
BLACK F. et SCHOLES M., « The pricing of options and corporate liabilities », *Journal of political economy*, mai-juin 1973.
BORDO M.D., « The gold Standard, Bretton Woods and other monetary systems », *Federal Reserve Bank of Saint-Louis Review*, mars-avril 1993.
BOURGUINAT H., *Les vertiges de la finance internationale*, Paris, Economica, 1987.
BOURGUINAT H. et ARTUS P. (Ed.), *Théorie économique et crise des marchés financiers*, Paris, Economica, 1989.
CARTAPANIS A., « Le rôle déstabilisant des mouvements de capitaux sur le marché des changes : une question de contexte », *Cahiers économiques et monétaires*, Banque de France, n° 43, 1994.
CARTAPANIS A., *Instabilité des taux de change et déséquilibres internationaux*, Paris, Calmann-Lévy, 1984.
CHESNEY M. et LOUBERGÉ H., *Les options de change*, Que sais-je ?, Paris, PUF, 1992.
DORNBUSH R., « Expectations and Exchange rate dynamics », *Journal of political Economy*, Vol. 84, 1976.
DUPUY M., *Déficit budgétaire américain et cours du dollar*, Paris, Economica, 1992.
FAMA E., « Efficient capital markets : a review of theory and empirical work », *Journal of Finance*, Vol. 25, 1960.
FAMA E., « Efficient capital markets, II », *Journal of Finance*, 46, (5), 1991.

FRANKEL J. et FROOT K., « Chartists, Fundamentalists and trading in the foreign exchange market », *American Economic Review*, mai 1990.

GARMAN M. et KOHLHAGEN S., « Foreign currency option values », *Journal of international money and finance*, 1993.

GIRARDIN E., « La fixité des changes et la libéralisation financière en Europe sont-elles sources d'instabilité monétaire et d'indiscipline budgétaire ? », *Cahiers économiques et monétaires*, Banque de France, n° 40, 1992.

GIRARDIN E. (Ed.), *Finance internationale, l'état actuel de la théorie*, Paris, Economica, 1992.

GROS R., « Conséquences de l'union monétaire sur les activités de marché », *Banque*, novembre 1991.

KINDLEBERGER C., *Les mouvements internationaux de capitaux*, Paris, Dunod, 1990.

KRUEGER A., *La détermination des taux de change*, Paris, Economica, 1985.

LA BAUME DE C., *Gestion du risque de taux d'intérêt*, Paris, Economica, 1994.

LA BRUSLERIE DE H., *Gestion obligataire internationale*, 2 tomes, Paris, Economica, 1990.

LAGAYETTE P., « La marche vers l'Union européenne et les conséquences pour les marchés des changes et l'activité des cambistes », *Banque*, novembre 1991.

LAGAYETTE P., « La réduction de la volatilité des marchés financiers est souhaitable », *La synthèse financière*, 11, septembre 1993.

LASKAR D., « Choix d'un régime des changes », *Revue économique*, mai 1994.

LELART M., *Le système monétaire international*, La Découverte, Repères, 1991.

LEVASSEUR M. et QUINTART A., *Finance*, 2ᵉ éd., Paris, Economica, 1992.

MACKINNON R., « Cinquante ans d'évolution du système monétaire international depuis les accords de Bretton Woods. L'esprit et les règles des accords de Bretton Woods », *Problèmes économiques*, 19 octobre 1994.

MACKINNON R., « International money in historical perspective », *Journal of economic literature*, mars 1993.

MAGNIER A., « Théorie des zones cibles et fonctionnement du SME », *Économie et prévision*, n° 104, (3), 1992.

MATTOUT J.-P., « Opérations d'échange de taux d'intérêt de devises », *Banque*, janvier 1987 et février 1987.

ORLEAN A., « Contagion des options et fonctionnement des marchés financiers », *Revue économique*, juillet 1992.

PEYRARD J., *Gestion de trésorerie internationale*, Paris, PUF, 1989.

PEYRARD J., *Gestion financière internationale*, 2ᵉ éd., Paris, Clet, 1989.

PEYRARD J. en collaboration avec Soularue G., *Le risque de change*, Paris, Vuibert, Collection Gestion, 1986.

PLIHON D., « Globalisation financière et instabilité des marchés des changes », *Alternatives économiques*, n° hors série, 20, 1994.

PLIHON D., *Les taux de change*, La Découverte, Repères, 1991.

ROURE F., *Stratégies financières sur le MATIF et le MONEP*, Paris, Economica, 1992.

STRAUSS KAHN I., « Tests de l'efficience du marché des changes », *Cahiers économiques et monétaires*, Banque de France, n° 31, 1988.

VISSOL T., « Why firms should adopt the ECU now ? », *De pecunia*, Vol. III, mars 1991.

Vissol T., « L'Ecu dans la phase de transition vers l'UEM », *Revue du Marché commun et de l'Union européenne*, juillet-août 1994.

TABLE DES MATIÈRES

Liste des devises et sigles internationaux 3

Première partie
Les changes et le risque de change

Chapitre 1. Les différents marchés des changes 9

Section 1. – L'importance des marchés des changes 9
   I. Les différents marchés 10
   II. Les volumes traités 10

Section 2. – L'origine des flux de devises 11

Section 3. – Les caractéristiques des marchés des changes 12
   I. La dimension internationale des marchés 12
   II. Les principales devises traitées 12
   III. Les différentes contreparties 14
   IV. Les différents instruments financiers 14

Section 4 – Les salles de marchés 15
   I. Le front office 17
   II. Le back office 17

Section 5. – Les fonctions des marchés 18

Chapitre 2. Les régimes de change 19

Section 1. – Le système monétaire international et l'évolution du dollar de 1971 à 1987 20
   I. L'évolution du dollar de 1971 à 1976 20
   II. L'évolution du dollar de 1977 à 1987 21

Section 2. – L'évolution du dollar depuis 1987 22

Section 3. – Les différents régimes de change 23
   I. Les régimes de changes fixes 23
   II. Les régimes de change flottants 27

Section 4. – Le système monétaire européen 29
   I. Le fonctionnement du SME 29
   II. L'Union économique et monétaire 31

Section 5. – Appréciation du système monétaire international 35

Chapitre 3. Le risque de change 36

Section 1. – Le risque de change dans les entreprises 36
   I. Le rôle du trésorier dans la couverture du risque de change 36
   II. Les différentes catégories de risque de change 37

Section 2. – Les risques des opérations de change pour les banques............ 42
　I. Le risque de change.. 42
　II. Le risque de crédit 43
　III. Le risque de liquidité 43
　IV. Le risque de base 43
　V. Le risque opérationnel.. 44
Section 3. – La nécessité de la couverture du risque de change 44

Deuxième partie
Les marchés des changes traditionnels : marché au comptant et marché à terme

Chapitre 4. Le marché des changes au comptant 49

Section 1. – L'importance des marchés.. 50

Section 2. – Les participants au marché au comptant................................. 51
　I. Les banques commerciales 51
　II. Les courtiers de change 51
　III. Les banques centrales 52

Section 3. – La cotation sur les marchés des changes au comptant............ 52
　I. Le cours acheteur et le cours vendeur... 52
　II. La cotation dans les journaux financiers... 53
　III. L'importance du *spread*.. 56
　IV. Le montant des transactions 56
　V. La cotation à l'incertain et au certain.. 56

Section 4. – Les cours croisés (cross rates) *comptant* 57

Section 5. – Le mécanisme des opérations comptant pour les entreprises 59

Section 6. – L'évolution des cours comptant.. 59
　I. L'évolution du cours de change nominal 59
　II. L'évolution du cours de change réel 60

Section 7. – L'équilibre sur les marchés des changes au comptant............. 60
　I. L'arbitrage géographique.. 61
　II. L'arbitrage triangulaire.. 62

Chapitre 5. Le marché des changes à terme 63

Section 1. – L'importance des marchés à terme 63
　I. Le marché à terme sec (*outright forward*) 64
　II. Le marché des swaps de devises.. 64

Section 2. – Les participants aux marchés des changes à terme................. 66
　I. Les banques commerciales 66
　II. Les courtiers de change 66
　III. Les *hedgers* ou opérateurs en couverture 66

Section 3. – Les cotations sur le marché des changes à terme.................... 66
　I. La cotation en valeur (*outright rate*).. 66

II. La cotation en points 68
  III. Les swaps interbancaires ou swaps de trésorerie........................ 69
Section 4. – La formation des cours à terme.. 70
  I. Première méthode : calcul direct du cours à terme..................... 70
  II. Deuxième méthode : calcul du report et du déport 71
  III. Autres méthodes 72
Section 5. – Les taux de report et de déport 72
Section 6. – Les cours croisés à terme 73
Section 7. – La couverture sur le marché des changes à terme 73
  I. Couverture du risque de change des entreprises 74
  II. Couverture du risque des opérations à terme des banques........ 76
  III. L'intérêt des swaps de trésorerie 76
Section 8. – Les intérêts des marchés des changes à terme 77

Troisième partie
Les marchés dérivés de devises

Chapitre 6. Les marchés de futures de devises 83
Section 1. – L'importance des marchés de futures de devises 84
Section 2. – Les participants aux marchés de futures de devises 84
Section 3. – Les caractéristiques des futures de devises............................... 85
  I. Le lieu de négociation... 86
  II. Les contrats de futures de devises.. 87
  III. Les devises traitées 87
  IV. La taille des contrats 87
Section 4. – Le fonctionnement des marchés de futures de devises 88
  I. Les différents types d'ordres et les commissions........................ 88
  II. La fluctuation minimale des prix 88
  III. Les cotations.. 89
  IV. La Chambre de compensation et les dépôts de garantie........... 90
  V. La date d'échéance et le dernier jour de transaction 91
  VI. Le règlement des opérations... 92
Section 5. – La couverture sur les marchés de futures de devises 92
  I. Couverture d'une exportation... 92
  II. Couverture d'une importation 94
Section 6. – La relation entre le cours comptant et le prix des futures de devises 95
  I. La convergence du cours spot et du prix du future à l'échéance 95
  II. Le risque de base.. 96
Section 7. – Comparaison entre la couverture sur les marchés des changes à terme et sur les marchés de futures de devises.. 96

Section 8. – La spéculation sur les marchés de futures de devises 97
  I. La spéculation par prise de position 97
  II. La spéculation sur les écarts 97
Annexe : Couverture avec les futures 99

Chapitre 7. Les marchés de gré à gré d'options de devises 102

Section 1. – L'importance des marchés de gré à gré d'options 102
Section 2. – Les intervenants sur les marchés d'options 103
Section 3. – Les caractéristiques des options de devises 104
  I. Les différents types d'options 104
  II. Les caractéristiques des contrats d'options 104
Section 4. – Les cotations des options 106
  I. La valeur intrinsèque 106
  II. La valeur temps 108
Section 5. – Les différentes stratégies d'options 110
  I. Les stratégies simples 110
  II. Les autres stratégies d'options 112
Section 6. – La couverture du risque de change par les options de devises .. 114
  I. Couverture d'une exportation libellée en devises 115
  II. Couverture d'une importation libellée en devises 116
  III. Cas où le règlement en devises est aléatoire :
       exemple d'appel d'offres 117
*Section 7. – La couverture du risque de change par des options à prime zéro
(ou tunnels à prime nulle)* 118
  I. Couverture d'une exportation par une option à prime zéro 119
  II. Couverture d'une importation par une option à prime zéro 120
Section 8. – Les options de seconde génération 120
  I. Les options sur moyenne 121
  II. L'option à barrière (*knock in* et *knock out options*) 122
  III. L'option sur option (*compound option*) 122
  IV. L'option dite sans regret (*lookback option*) 122
Section 9. – Les options synthétiques 123
Annexe 1 : Les mesures de sensibilité associées à la prime des options 124
Annexe 2 : Les modèles d'évaluation d'options de devises 126

Chapitre 8. Les marchés organisés d'options de devises 129

Section 1. – L'importance des marchés organisés d'options 130
Section 2. – Les intervenants sur les marchés organisés d'options 131
Section 3. – Les caractéristiques des options de devises standardisées 131
  I. Les devises traitées 131
  II. La taille des contrats 131
  III. Le prix d'exercice 132

TABLE DES MATIÈRES

IV. Le prix des options de devises	133
V. Les dates d'échéance	133
VI. La liquidation	134
VII. Le dépôt de garantie et la Chambre de compensation...........	134
VIII. Les ordres d'achat et de vente d'options sur les marchés organisés	134

Section 4. – La cotation sur les marchés organisés 134
   I. La cotation sur le marché de Philadelphie........................ 135
   II. La cotation sur le MATIF 136

Section 5. – Les options sur futures de devises 136
   I. Le déroulement des opérations 136
   II. Le prix de l'option sur future.. 138
   III. Le prix d'exercice 138
   IV. Les dates d'échéance 138
   V. Exemple d'option sur futures.. 138

Section 6. – Comparaison entre les options de change sur les marchés de gré à gré et sur les marchés organisés 140

Chapitre 9. Le marché de swaps ou de contrats d'échanges de devises 142

Section 1. – Les différents types de swaps de devises 143
   I. Les swaps de devises à taux fixe 143
   II. Les swaps de devises et de taux 143

Section 2. – Les participants aux swaps................................ 144
   I. Les institutions financières... 144
   II. Les entreprises 145
   III. Les organismes supranationaux et les gouvernements........... 146
   IV. Les institutions du secteur public................................. 146

Section 3. – Les caractéristiques des contrats de swaps............. 146

Section 4. – Le déroulement des swaps................................. 148
   I. Les différentes étapes d'un swap de devises à taux fixe........... 148
   II. Le déroulement d'un swap de devises et de taux 150

Section 5. – La cotation en points des swaps 152

Section 6. – Le coût des swaps... 153
   I. Les éléments du coût des swaps..................................... 153
   II. Comparaison du coût du swap avec d'autres techniques 153

Section 7. – Les intérêts des swaps 154
   I. La diminution du coût des fonds empruntés....................... 154
   II. La couverture du risque de change................................. 154
   III. La diversification des devises du bilan 155
   IV. L'accès à de nouveaux marchés.................................... 155
   V. La durée des swaps 155
   VI. Intérêt sur le plan comptable 155

Quatrième partie
Les fluctuations et les prévisions de cours de change

Chapitre 10. Les facteurs affectant les cours de change 159

Section 1. – Cours de change et inflation : la théorie de la parité des pouvoirs d'achat (PPA) 160
   I. Exposé de la théorie 160
   II. La réalisation de l'équilibre 161
   III. Les limites de la théorie 162
   IV. Les indices de cours de change réels et nominaux 162

Section 2. – La relation entre le taux d'intérêt et le taux d'inflation : l'effet Fisher 163

Section 3. – Les cours de change comptant et les taux d'intérêt : la théorie de l'effet Fisher international (EFI) 165

Section 4. – Les cours de change à terme et les taux d'intérêt : la théorie de la parité des taux d'intérêt (PTI) 166
   I. Exposé de la théorie 166
   II. Appréciation de la théorie de l'effet Fisher 167

Section 5. – La synthèse des approches réelles et financières des cours de change 168
   I. Exposé de la théorie 168
   II. L'intérêt du modèle 168

Section 6. – L'information reflétée dans les cours : l'efficience du marché des changes 169

Chapitre 11. La prévision des cours de change 171

Section 1. – Les méthodes graphiques ou l'analyse technique 172
   I. Les histogrammes de cours 172
   II. Les principales tendances 173
   III. Les différents graphiques 174
   IV. Les principales figures 175
   V. Les volumes 181
   VI. Les moyennes mobiles 181
   VII. L'oscillateur et le momentum 182
   VIII. L'indicateur d'intensité relative *(relative strength indicator)* 183

Section 2. – Les méthodes fondamentales ou l'analyse fondamentale 184
   I. L'approche par la balance des paiements 185
   II. L'approche par le marché des actifs monétaires et financiers ou le modèle de choix de portefeuille 187
   III. Les principaux facteurs fondamentaux retenus 188

Liste des tableaux 191

Liste des graphiques 192

Index 193

Bibliographie sommaire 197

COLLECTION GESTION INTERNATIONALE

Le transport international de marchandises, J. Belotti.

Le droit des Affaires internationales, S. Chatillon.

Société anonyme, Aktien Gesellschaft, Società per azioni, C. Ducouloux-Favard.

Le droit communautaire de la concurrence, B. Geneste.

Le Marketing en Europe centrale, C. Nestorović

Les Bourses américaines, J.-J. Perquel.

Le marché financier anglais, J.-J. Perquel.

Les Bourses européennes, J. Peyrard.

Les marchés des changes, J. Peyrard.

L'économie allemande face à la réunification, M. Saint-Marc.

SÉRIE « EXPORTER ET INVESTIR »

Exporter et investir en Russie, G. Jobin.

Achevé d'imprimer en janvier 1995 sur les presses de l'Imprimerie Carlo Descamps
59163 Condé-sur-l'Escaut. Dépôt légal : janvier 1995. N° d'imprimeur : 8991
N° d'éditeur : 6303
Imprimé en France